CB134630

13 A 18 DE FEVEREIRO DE 1922

A SEMANA DE 22: REVOLUÇÃO ESTÉTICA?

Sérgio Filho

RUPTURAS

13 A 18 DE FEVEREIRO DE 1922

A SEMANA DE 22: REVOLUÇÃO ESTÉTICA?

Marcia Camargos

Coordenadora da série
Maria Luiza Tucci Carneiro

Lazuli editora
Companhia Editora Nacional

© Companhia Editora Nacional, 2007
© Lazuli Editora, 2007

Lazuli editora

diretor editorial Miguel de Almeida
editora Luciana Miranda Penna
diretor de arte Werner Schulz
diagramação Eduardo Burato
revisão Elaine Ferrari
Maya Oliveira

Companhia Editora Nacional

diretor editorial Antonio Nicolau Youssef
gerente editorial Sergio Alves

Dados Internacionais de Catalogação na Publicação (CIP)
(Câmara Brasileira do Livro, SP, Brasil)

Camargos, Marcia
13 a 18 de fevereiro de 1922 : a Semana de 22 : revolução estética? / Marcia Camargos. -- São Paulo : Companhia Editora Nacional : Lazuli Editora, 2007. -- (Série rupturas / coordenadora Maria Luiza Tucci Carneiro)

Bibliografia.
ISBN 978-85-04-01110-4 (Companhia Editora Nacional)

1. Semana de Arte Moderna (1922 : São Paulo, SP) - História I. Carneiro, Maria Luiza Tucci. II. Título. III. Título: A Semana de 22 : revolução estética?. IV. Série.

07-0995 CDD-981.611

Índices para catálogo sistemático:
1. Semana de Arte Moderna : São Paulo : Cidade : História 981.611
2. Semana de 22 : São Paulo : Cidade : História 981.611

Todos os direitos reservados

1ª edição
São Paulo — 2007

ABDR
Cópia não autorizada é crime
Respeite o direito autoral
EDITORA AFILIADA

Av. Alexandre Mackenzie, 619 • Jaguaré • São Paulo • SP • 05322-000
Tel.: (11) 6099-7799 www.ibep-nacional.com.br editoras@ibep-nacional.com.br

A **SÉRIE LAZULI RUPTURAS** vem incentivar o debate sobre fatos históricos que alteraram os rumos da Humanidade ou de um povo, em particular. Fatos que se tornaram referência, uma espécie de baliza de um novo tempo. Fatos que, constantemente, são lembrados e (re)memorados por terem causado uma reviravolta no cotidiano desta ou daquela sociedade, alterando a ordem universal. Esta questão, necessariamente, nos instiga a repensar a memória histórica e a indagar: qual é a versão do fato que chega até nós?

Por experiência do passado, sabemos que as tradições podem ser "inventadas", como já ressaltou Eric Hobsbawm. Muitas vezes – pelo distanciamento do fato – recebemos versões distorcidas que, repetidas ao longo dos tempos, tornam-se "verdades absolutas". É quando o dito pelo não-dito se impõe, relegando a um segundo plano os testemunhos oculares. Enfim, nossa história é uma história de muitos silêncios, imagens construídas e versões consolidadas. E, nem sempre, a versão ou a imagem-símbolo que "ficou" é aquela que expressa a verdadeira dimensão do fato acontecido.

São questões como estas que vamos discutir nesta coletânea de títulos direcionados para tempos distintos: o de curta duração, onde tudo oscila a partir de um fato, e o de longa duração modelado pela persistência das representações coletivas. Optamos por temas que causaram alguma perplexidade por expressarem um cisma para o qual não faltam explicações, muitas vezes contraditórias. Daí o nosso foco sobre as revoluções, invenções, golpes políticos, genocídios e guerras. Este leque se abre para múltiplos campos do conhecimento: história, literatura, artes, arquitetura, fotografia, política, economia, música, esporte, legislação, ciência, culinária, entre tantos outros. Alguns mais provocativos, outros mais sedutores. Enfim, estaremos atentos à dinâmica da História, priorizando os sintomas de inércia das sensibilidades, os desvios e as continuidades, os encantos e os desencantos, os momentos de luzes e os tempos sombrios.

Este desafio deve ser compreendido como um despertar para o mundo do conhecimento, voltado para a percepção das conexões e implicações estabelecidas por essas rupturas ao longo da História.

Maria Luiza Tucci Carneiro
Coordenadora da Série

SUMÁRIO

Come! Come-te a ti mesmo, oh gelatina pasma!
Oh! purê de batatas morais!
Oh! cabelos nas ventas! oh! carecas!
Ódio aos temperamentos regulares!
Ódio aos relógios musculares! Morte à infâmia!
Ódio à soma! Ódio aos secos e molhados!
Ódio aos sem desfalecimentos nem arrependimentos,
sempiternamente as mesmices convencionais!
De mãos nas costas! Marco eu o compasso! Eia!
Dois a dois! Primeira posição! Marcha!
Todos para a Central do meu rancor inebriante
Ódio e insulto! Ódio e raiva! Ódio e mais ódio!
Morte ao burguês de giolhos,
cheirando religião e que não crê em Deus!
Ódio vermelho! Ódio fecundo! Ódio cíclico!
Ódio fundamento, sem perdão!
Fora! Fu! Fora o bom burguês!

Fragmento de Ode ao Burguês, *Paulicéia Desvairada* de Mário de Andrade, 1922

APRESENTAÇÃO

"Para muitos de vós a curiosa e sugestiva exposição que gloriosamente inauguramos hoje é uma aglomeração de horrores", proferiu Graça Aranha, do centro do palco, para então alertar o público presente de que muitos outros "horrores" ainda o aguardavam. "Daqui a pouco, juntando-se a esta coleção de disparates, uma poesia liberta, uma música extravagante, mas transcendente, virão revoltar aqueles que reagem movidos pela força do Passado."

Na platéia do Teatro Municipal, a fina flor da aristocracia, "admirável *corbeille* de elegância, de beleza e de espírito", assistiu desconfiada ao que o jornalista e poeta Menotti del Picchia definiria no *Correio Paulistano* dois dias depois, em 15 de fevereiro de 1922, como um acontecimento histórico para a vida mental do país e uma festa de alta repercussão para São Paulo. Só que ao longo da interminável conferência "A emoção estética na arte moderna", a maioria das pessoas remexia-se nas poltronas, perturbada pelo que viu lá fora, no hall de entrada. Realmente, na opinião de grande parte delas, os quadros de Anita Malfatti, os bronzes de Victor Brecheret e os óleos de Di Cavalcanti não eram obras de arte dignas de tal definição. Nem a música executada por Ernani Braga, nem as poesias declamadas por Guilherme de Almeida e por Ronald de Carvalho conseguiram diminuir o mal-estar que só faria aumentar no decorrer da noite.

Os cavalheiros consultavam discretamente os relógios de ouro, enquanto as senhoras e senhoritas enrodilhavam nos dedos enfeitados de anéis as muitas voltas dos colares de pérolas. Ao fundo, no camarote das autoridades, o presidente do estado, Washington Luís, repuxava o cavanhaque, próximo ao prefeito, Firmiano Pinto, que se entretinha com a cartola equilibrada sobre os joelhos. Na primeira fileira, Mário de Andrade, ao lado do mecenas Paulo Prado, um dos homens mais ricos do país, e de dona Olívia Guedes Penteado, a grande dama da sociedade, trocava impressões com René Thiollier. Entusiasta da idéia de um festival futurista,* o escritor alugara o teatro por 847 mil-réis, jamais recuperados com a venda dos ingressos.

Após um breve intervalo, quando todos procuravam entender o que se passava sob o teto daquela casa projetada por Ramos de Azevedo e concluída em 1911, Villa-Lobos dirigiu-se ao piano. Ao término de sua interpretação, acompanhado pelo grupo que trouxera do Rio de Janeiro, ganhou tímidos aplausos. "A música nova parecia estapafúrdia àquela gente educada nas doçuras lânguidas de Puccini e de Verdi", diria Oswald de Andrade (ANDRADE, 1992: 126). Afeito às valsinhas de Chopin ministradas pelos professores particulares que proliferavam pela cidade, o público não apreciou suas composições. Pior do que isso, sentiu-se ofendido pela atitude aparentemente provocativa de Villa-Lobos, que se apresentou de chinelos devido a uma crise de gota.

Colhida de surpresa, a platéia não chegou a vaiar o músico. "Os ânimos estavam fermentando; o ambiente eletrizante, pois que não sabiam como nos enfrentar", contaria Anita Malfatti. "Era o prenúncio da tempestade" (BATISTA, 1986: 95-6).

A segunda noitada, na quarta-feira, foi aberta por Menotti del Picchia com uma palestra recheada de símbolos do progresso. Aeroplanos, automóveis e estradas de rodagem pontuavam seu discurso. Para Menotti, aqueles eram ingredientes mágicos. Mas não para os estudantes de direito, que Oswald, o *blagueur* (gozador-mor) da turma, arregimentou de propósito, para dar o tom do contra à festa, endossando o coro de vaias, risos, assobios, onomatopéias* e outras exclamações impublicáveis. Com o beneplácito dos prósperos fazendeiros, o *enfant gaté* (o irreverente, o barulhento) do modernismo pretendia *épater la bourgeosie* (escandalizar a burguesia) e sacudir o marasmo da provinciana capital do café. Por isso não hesitou em desancar Carlos Gomes, tido como o maior compositor brasileiro do final do século 19. Como castigo, mal pôde terminar de ler *Os Condenados*, quando tentava fazer ouvir seus versos: "E na desvairada Paulicéia, as carroças rodando nos viadutos, silhuetas em aço pelos relâmpagos curtos...".

Oswald deixou o palco esquivando-se das batatas atiradas das torrinhas e, por precaução, na última noite os organizadores fecharam as galerias, os lugares mais baratos do teatro ocupados pelos estudantes. Além de varrer os legumes usados como munição em protesto à afronta aos padrões estéticos e literários vigentes, os faxineiros tinham que retirar detrás das molduras dos quadros e sob a base das esculturas bilhetes desaforados de visitantes indignados. A imprensa em geral, como se verá, não foi menos impiedosa diante daquela primeira dentição do movimento modernista e, com raras exceções, oscilou entre ataques ácidos e o deboche puro e simples.

Curioso que um evento ignorado pelo grande público, criticado pela maioria dos jornais e revistas da época, e tido como uma espécie de gozação por seus próprios organizadores, acabaria transformando-se num marco na história cultural paulistana. Mais do que isso, durante muito tempo, a Semana de 22 permaneceu como um divisor de águas no campo das letras e das artes plásticas, e seus articuladores, com Mário e Oswald de Andrade à frente, definidos como paladinos da modernidade que se delineava no horizonte da Cafelândia*. Intuindo que – apesar da inflexão descontraída de alegria e *nonsense* – o festival modernista estava fadado a entrar para o imaginário nacional, Mário de Andrade escreveu a Menotti del Picchia, com ares premonitórios: "Nossos livros serão comprados! Ganharemos dinheiro! Seremos lidíssimos! Insultadíssimos! Celebérrimos. Teremos os nossos nomes eternizados nos jornais e na História da Arte Brasileira" (PICCHIA, 1983:341).

Era como se, da terra da garoa, as propostas vanguardistas fossem propagar-se da mesma forma que, nos séculos anteriores, seus valentes ancestrais desbravaram os sertões, alargando as fronteiras do país. Com seus quase 600 mil habitantes, São Paulo pretendia firmar-se como a locomotiva do Brasil. "Deixava os babados de Sinhá faceira com que fôra o embeleco dos estudantes românticos para mudar-se na artífice viril e admirável da civilização e do progresso" (ARAÚJO, 1958: 7). Não por acaso, o brasão da futura metrópole, criado por Guilherme de Almeida e Wasth Rodrigues em concurso instituído pela prefeitura em 1917, simbolizava o voluntarismo paulista no desenho do braço armado empunhando a bandeira da Ordem de Cristo, estandarte dos bandeirantes, sob o lema *Non ducor duco*, o emblemático "Não sou conduzido, conduzo".

Se no âmbito interno a Semana tinha como meta colocar o antigo burgo de estudantes no mapa cultural do país para então conquistar a hegemonia, em termos mundiais pretendeu projetar-se como o elemento galvanizador da tendência nacionalista desencadeada pela Primeira Guerra Mundial (1914-1919). É que o conflito bélico provocou o ressurgimento do patriotismo que não tardou a extrapolar suas fronteiras. Assumindo sua feição mais agressiva nas nações beligerantes, esse sentimento sublimou-se no restante do mundo por uma busca das raízes nativas e populares, sobretudo no campo das artes.

No Brasil, por muito tempo, a Semana de 22 foi definida como a aurora de uma nova era, enfeixando tudo que a precedeu sob a designação de pré-modernismo, na expressão reducionista de Alceu Amoroso Lima nos anos 1930. Essa construção historiográfica, resultante da posição hegemônica que seus protagonistas passaram a desfrutar no cenário nacional na década de 30 e posteriormente consolidada por intelectuais dentro e fora da academia, vem sendo questionada por estudiosos e especialistas nos últimos anos. Sem tirar dela o mérito de impulso decisivo para o desenvolvimento do modernismo, com todos os seus desdobramentos culturais, a Semana de 22 carrega em si profundas contradições intrínsecas a qualquer movimento de ruptura. Explorá-la numa abordagem crítica, enfocando suas ambigüidades e suas conquistas, é o que nos propomos.

A DATA

São Paulo, fevereiro de 1922

Quem abrisse um exemplar do *Correio Paulistano* ou do *Jornal do Comércio* , em circulação na capital naquele início de 1922, encontraria uma profusão de "reclames" dos mais variados produtos para os festejos do Rei Momo. Em meio a propagandas de máscaras, lança-perfumes, confetes e serpentinas para as alegres batalhas dos corsos carnavalescos, apareciam pequenos anúncios sobre um festival de arte moderna, abrilhantado pela participação de Guiomar Novais e de Villa-Lobos. Oferecia três sessões de conferências, audições musicais e leitura de poemas nas noites de 13, 15 e 17 de fevereiro, a partir das 20h30. Os ingressos vendidos na sede do Automóvel Clube de São Paulo davam direito às três récitas pelo preço de 186 mil-réis para camarotes e frisas e 20$300 nos balcões e galerias, mas era possível adquirir bilhetes separados para cada uma das programações. Mesmo com casa lotada, a Semana acarretou prejuízo de 7 contos e 400, fora o aluguel, dividido em cotas de 600 e poucos mil-réis entre os membros do comitê integrado por Paulo Prado, René Thiollier, Alberto Penteado, Numa de Oliveira, Alfredo Pujol, Oscar Rodrigues Alves, Armando Penteado, Antônio Prado Júnior, Macedo Soares e Martinico Prado.

Inserida no leque das comemorações do Centenário da Independência, a Semana de 22 pretendia alvoroçar o universo artístico e literário da Paulicéia. Tudo isso no consagrado Teatro Municipal, em cujo hall seria aberta, de segunda-feira a sábado, uma exposição composta de cerca de 100 obras, entre maquetes, plantas e desenhos arquitetônicos, esculturas de bronze, mármore e madeira, além de quadros a óleo, desenhos, colagens e aquarelas.

Em termos de arquitetura, os dois expositores, Antonio Garcia Moya e Georg Przymberel, ambos estrangeiros, provavam quanto o meio ainda se ressentia da falta de referências domésticas, em uma extrema dependência dos modelos europeus. O primeiro, nascido em Granada, Espanha e chamado de "poeta da pedra" por Menotti del Picchia, mostrou fachadas, interiores e exteriores de residências em bico de pena, junto a desenhos de fonte e mausoléu que faziam lembrar a Mesopotâmia ou a arquitetura pré-colombiana do México. Seu estilo imaginativo, de inspirações ecléticas e um tanto exóticas, combinava com as pretensões do evento, mas por outro lado tornava os projetos impraticáveis, a ponto de nenhum deles ter saído

Capa do catálogo, desenho de Di Cavalcanti, 1922. (Arq. Mário de Andrade - IEB USP)

do papel. O polonês Przymberel, por sua vez, expôs o projeto de sua casa na Praia Grande. Misturando diversos materiais, este passou como neocolonial*. Para isso, muito contribuiu o fato de que, desde sua mudança para São Paulo, por volta de 1912, com o encargo de supervisionar a reconstrução do Mosteiro de São Bento, o arquiteto vinha estudando a arte colonial* e barroca*, em seguidas viagens aos lugares históricos de Minas Gerais.

Victor Brecheret, Wilhelm Haarberg e Hildegardo Leão Veloso, um jovem carioca que fazia 23 anos no decorrer da Semana, integravam a lista dos escultores. Temporariamente radicado em São Paulo, onde viveu de 1920 a 1925, lecionando alemão, seu idioma, Haarberg fora descoberto por Mário de Andrade, que o convidou para participar da Semana. Trabalhando em madeira, mostrou cinco pequenas figuras ligadas à tradição da estatuária egípcia e africana. O ponto alto coube a Victor Brecheret. Típicas do período de transição que atravessava, suas 12 peças iam do naturalismo* com tendências impressionistas em jogos de luz e sombra, ao expressionismo* mais dramático, tensionado. Quanto a Veloso, como seu nome não consta do catálogo, fica difícil saber o que expôs e sua presença jamais ficou comprovada em definitivo.

Catalogados em bloco como "pintura", sem outras indicações nem classificação por categoria, entre os 64 quadros sobressaía o conjunto formado pelas 20 telas de Anita Malfatti, como a atestar o débito do grupo para com o pioneirismo da artista (BATISTA, 1986: 9). Para espanto geral, seu polêmico *O Homem Amarelo*, pintado entre 1915 e 1916, só não foi vendido ao conselheiro Antônio Prado porque já estava prometido a Mário de Andrade, que o adquiriria mais tarde. John Graz, com suas paisagens suíças transfiguradas pelo subjetivismo da cor, caíra nas graças de Oswald de Andrade, que comprara *Ceia* na mostra instalada no salão do Cinema Central, na Ladeira São João, realizada em dezembro de 1920.

O carioca Di Cavalcanti, autor da capa do programa da Semana, tinha dois óleos, *Ao Pé da Cruz* e *Retrato* – este, de um penumbrismo bem ao gosto da época. Suas outras dez obras dividiam-se entre desenhos e pastéis românticos como *A Dúvida*, *Coqueteria* e *Boêmios*, que integraria a coleção do mecenas José de Freitas Valle. Do Rio de Janeiro também vieram quadros do pernambucano Vicente do Rego Monteiro, que em 1914 regressara da França para lá retornar em setembro de 1921. Eram três retratos que variavam de incursões cubistas aos assuntos populares e folclóricos. Também vinda da então capital federal, Zina Aita descendia de família italiana, tendo completado os estudos artísticos em Florença. Para muitos, seu pastel pós-impressionista retratando camponeses, com manchas coloridas justapostas à maneira de Vuillard, era a criação mais avançada da Semana. Alberto Martins Ribeiro, que morreu jovem e não alcançou maior projeção, levou quatro trabalhos sobre os quais há poucas informações.

Natureza Dadaísta, de Ferrignac, pseudônimo do ilustrador e caricaturista Inácio da Costa Ferreira, parecia à primeira vista absolutamente sintonizada com as vanguardas mundiais. Apesar de não existirem registros concretos sobre o quadro exposto, uma análise comparativa com outros trabalhos seus indica ser aquela uma experiência extravagante de técnica mista. Talentoso no seu manejo do nanquim, guache e colagens, esse paulista de Rio Claro, que completou os estudos na Europa entre 1917 e 1920, compunha estilizações bem ao paladar dos anos 20 para as revistas ilustradas da moda. Suas caricaturas eram enviadas da Europa para *O Pirralho*, *Vida Moderna* e *A Cigarra*. Dono de um traço com notável influência de Brecheret e de Beardsley na musculatura e no alongamento do corpo e dos membros, dedicou-de à crônica social pelo registro do humor e talvez tenha dado aquele título dadaísta a sua obra na tentativa de parecer moderno e atualizado.

Já o escritor e historiador João Fernando de Almeida Prado, mais conhecido como Yan, expôs dois trabalhos feitos a quatro mãos com Paim Vieira. Nas *collages* de papéis amarelos e vermelhos, aveludados, Prado e Vieira rabiscaram linhas paralelas em preto e branco. A despeito de garantir que participaram da Semana por pura diversão, ambos tinham queda pelo desenho. Tanto que Yan estamparia, na edição de outubro da revista *Klaxon* daquele ano de 1922, esboços de manequins de retalhos inspirados na fase metafísica de Carlo Carrà de 1917. Paim Vieira, por sua vez, foi ilustrador de forte estilização, como se verifica na revista *Ariel*, na qual ocupou o posto de diretor artístico entre 1923 e 1924.

Sem falar a mesma linguagem artística, sob a égide de futuristas agregavam-se tendências que iam das estilizações de Brecheret à escultura sintética e arcaizante de Haarberg, do expressionismo transfigurado de John Graz e vigoroso de Anita Malfatti, ao falso moderno confesso de Yan de Almeida Prado e Paim Vieira. A falta de diretrizes redundou em uma exposição irregular, de altos e baixos, mas coube a Mário de Andrade explicar, dentro de parâmetros minimamente coerentes, as obras descosturadas entre si. Não é de admirar que tenha recebido estrepitosas vaias, sobrepostas à sua voz, no meio da escadaria do hall de entrada do teatro, onde leu um trecho de *A Escrava Que Não Era Isaura*, uma paródia à obra de Bernardo Guimarães, datada de 1875, em que a jovem é perseguida pela luxúria do seu senhor.

"Começo por conta de somar: necessidade de expressão + necessidade de comunicação + necessidade de ação + necessidade de prazer = Belas Artes." Com sua "bela cabeça de apóstolo imberbe, grande e alongado, óculos redondos e crânio calvo", em descrição de Sérgio Milliet (BOAVENTURA, 2000: 127-132), o escritor deslindava, sob assovios e apupos, as teorias da arte moderna, alertando que os velhos iriam morrer. Anos mais tarde se perguntaria como tivera coragem de discursar ali, cercado de anônimos que caçoavam dele e o ofendiam sem piedade.

Os restantes dos poetas e músicos receberam seu quinhão de desacato. Se a conferência de Graça Aranha não desagradou de todo, por ser ele um autor consagrado desde o lançamento, em 1902, de *Canaã*, o mesmo não se pode dizer dos demais. Quando, para finalizar a noite inaugural, Ronald de Carvalho recitou poema de Manuel Bandeira, escrito em 1918, confundiu ainda mais a audiência. Muitas damas e cavalheiros deixaram os assentos sem nenhuma cerimônia, ao passo que os estudantes já ensaiavam as vaias ao escutar as estrofes imitando o coaxar dos batráquios:

Enfunando os papos
Saem da penumbra
Aos pulos, os sapos.
A luz os deslumbra.
Em ronco que aterra,
Berra o sapo-boi:
"Meu pai foi à guerra!"
"Não foi!"
– "Foi!"
– "Não foi!".

Como tudo começou

São Paulo progredia em ritmo acelerado. Sob o influxo da expansão comercial, da concentração dos recursos financeiros e da assimilação dos preceitos e valores burgueses europeus, via surgir palacetes e avenidas especialmente desenhadas para receber os carros importados. A riqueza gerada pelo café e preservada pela industrialização, que atraiu grandes contingentes de estrangeiros, emprestava ares cosmopolitas à cidade ainda provinciana. Sua elite esforçava-se para romper a ligação com as tradições do campo, com os hábitos de um mundo rural que, todavia, subsistiam.

Entre fins do século 19 e o começo do século 20, a futura metrópole crescera demais para orgulhar-se dos antigos costumes, mas ainda não conseguia romper com eles de modo substancial. Atravessava, em conseqüência, uma fase de forte dualidade, com reflexos na produção artística e cultural. Nesse contexto de tensão, a ânsia por contemporaneidade inquietava escritores e artistas em geral. Como confluía para a capital paulista um "rebojo de sangue novo", foi possível criar ali, antes de qualquer outra unidade da federação, um pungente estilo de vida, uma civilização encorpada dia a dia pelos últimos paquetes, como se um pedaço do mundo se deslocasse, geograficamente, para este trecho da América. Segundo Menotti del Picchia, a vitalidade industrial e financeira da Paulicéia fizera-se acompanhar pela evolução cultural, abarcando as manifestações vanguardistas em voga no Velho Continente. "Daí surgir, em São Paulo, um futurismo artístico tão sadio, tão moderno, tão vivo como o mais evolvido de todo o resto do mundo" (PICCHIA, 1983: 318).

De fato, trazido por Oswald de Andrade de sua primeira viagem à Europa em 1912, o *Manifesto Futurista* desempenharia importante papel na etapa preparatória do modernismo. Os princípios de Marinetti – proclamando o conceito dinâmico da beleza, associada agora à velocidade, em contraposição ao conceito estático baseado no equilíbrio e na ordem – tiveram impacto decisivo nos jovens orgulhosos dos avanços da metrópole em construção, a despeito dos transtornos gerados pela urbanização vertiginosa e excludente. Aportando no Teatro Municipal anos depois de ter chegado à maioria dos países do Hemisfério Sul, não adotaria de imediato o nome "modernista" do similar hispano-americano. Bastante defasado da Europa pós-guerra já no limiar do surrealismo, o movimento floresceu sob a garoa paulistana devido à sua relativa prosperidade econômica. Ou seja, no auge da febre de crescimento, São Paulo saltou da cama num dinamismo feroz para dar seu grito selvagem (ARAÚJO, 1958: 9).

"E com a mudança diária e formidável da própria graça fisionômica, a metrópole incontida, absorvente, diluviana de gente nova, de gente ávida, de gente viva, pensa outras idéias, escuta outros carrilhões, procura novos ritmos, prescruta e requer horizontes e futuros", diria Oswlad de Andrade, para quem a Semana de Arte Moderna nasceu na sua *garçonnière* da Praça da República, esquina com a Rua Pedro Américo, para onde atraiu Mário de Andrade, Di Cavalcanti, Menotti del Picchia, Ribeiro Couto e tantos outros. "A juventude extravasante nas escolas, nas calçadas, nos jardins citatinos aí está reclamando pelos cem poros ativos da sua sensibilidade apurada nas viagens atávicas uma arte à altura da sua efusiva aspiração vital e de compasso com o senso profundo da sua responsabilidade americana." (ANDRADE, Oswald, 1992: 23).

Nesse sentido, sob a genérica denominação de "os novos", mas também apelidados de "futuristas", seus artífices articulariam um movimento cultural que, opondo-se à pasmaceira do parnasianismo* e do academicismo plástico, procurava refletir os debates que agitavam os centros europeus. Sem aderir completamente à plataforma de Marinetti, os modernistas endossaram as inquietações e os signos da tecnologia do século 20. Elementos do cotidiano e a potência da máquina impregnam a imagética na absorção paulistana do futurismo, – denominação que às vezes acolhiam e outras renegavam, mas na qual, invariavelmente, seriam aprisionados contra sua vontade desde que Oswald de Andrade estampou, no *Jornal do Comércio*, uma coluna sobre Mário de Andrade, "glorioso fixante da expressão renovadora de caminhos e êxtases" (ANDRADE, Oswald, 1992: 25).

Intitulado "Meu poeta futurista", o artigo valorizava o termo da moda, que então se desitalianizava para ser empregado até mesmo em Portugal por Fernando Pessoa, no seu recém-publicado *Ultimátum Futurista*. A princípio, aceitou-se sem hesitação o qualitativo. "Depois, começaram os escrúpulos, sobretudo da parte de Mário de Andrade. Ele, nacional e nacionalista como era, não se sentia à vontade dentro do rótulo estrangeirante. Assim, pouco a pouco, foi encontrada a palavra 'modernista' que todo o mundo adotou" (ANDRADE, Oswald, 1992: 122).

O núcleo pioneiro que daria as coordenadas dessa tendência era constituído pelos poetas Mário e Oswald de Andrade, Menotti del Picchia, Guilherme de Almeida, Agenor Barbosa, os pintores Anita Malfatti e Di Cavalcanti e o escultor Victor Brecheret. Do Rio de Janeiro, receberam a adesão de Ribeiro Couto, Manuel Bandeira, Renato de Almeida, Villa-Lobos, Olegário Mariano e Ronald de Carvalho, entre outros. A eles se somariam, posteriormente, a pintora Tarsila do Amaral, em viagem à Europa por ocasião da Semana, os escritores Antônio de Alcântara Machado, Raul Bopp, Cassiano Ricardo, Plínio Salgado e o arquiteto Gregori Warchavchik. Quer dizer, se as artes plásticas estavam honrosamente representadas pelos "locais", o mesmo não se pode afirmar em relação à música e à poesia, áreas em que os cariocas predominavam, incluindo Graça Aranha, nome consagrado que apadrinhou a "aventura".

O que de mais arrojado havia na pintura brasileira fora mostrado por Anita Malfatti com sua exposição de 1917, ano em que Mário de Andrade lançava *Há uma Gota de Sangue em Cada Poema* e Manuel Bandeira, *A Cinza das Horas*, no Rio de Janeiro. Consagrando-se com o poema *Juca Mulato*, Menotti del Picchia seria homenageado em janeiro de 1921 com um banquete no Trianon, oferecido por um clã eclético, do qual faziam parte tanto os "novos" quanto a velha guarda. Sob o pretexto de comemorarem a publicação de *As Máscaras*, numa edição luxuosa ilustrada por Antônio Paim e cujos originais foram presenteados a Menotti pouco antes, na Villa Kyrial, o salão artístico e literário do simbolista Jacques D'Avray, pseudônimo do deputado e mecenas José de Freitas Valle, Oswald de Andrade adubou o solo onde germinariam sementes do modernismo com uma antológica saudação.

Naquela casa de chá freqüentada pelas altas rodas da sociedade paulistana, Oswald proferiu um discurso que, para Mário da Silva Brito, constituiu um agressivo toque de reunir. Ventilando a idéia de tornar o centenário da Independência, a ser comemorado em breve, num momento de emancipação artística, articulou um chamamento à luta, declarando disposição em aceitar as horas difíceis e adversas que estavam por vir e, com elas, os martírios fecundos (BRITO, 1964:179-185). Na ocasião,

Menotti também recebeu sua máscara de bronze saída do cinzel de Victor Brecheret, sobre quem escrevera no *Correio Paulistano*, em 15 de janeiro de 1921, a primeira de muitas crônicas laudatórias que se seguiriam.

Ao mesmo tempo, Sérgio Milliet e Rubens Borba de Morais regressam da Europa, trazendo na bagagem revistas e livros de autores inéditos nos trópicos, incluindo exemplares da revista *L'Esprit Nouveau*, fundada por Amedée Onzenfant em 1920, após a morte de Guillaume Apollinaire, a quem homenageava. Graça Aranha, em particular, era sem dúvida portador de notícias sobre o Congresso do Espírito Moderno que os dadaístas* e puristas*, tendo Onzenfant como um dos patrocinadores, haviam programado para março de 1922 em Paris. No *Jornal do Comércio* como já se viu, em 27 de maio, Oswald de Andrade escrevia o célebre artigo "Meu poeta futurista", referindo-se a Mário de Andrade, que responde no periódico, em 6 de junho, com o título interrogativo: "Futurista?".

Meses depois, em novembro de 1921, o pintor Di Cavalcanti desembarcava do Rio de Janeiro trazendo quadros e uma série de desenhos para o livro *Fantoches da Meia-noite*, a ser editado por Monteiro Lobato ainda naquele ano, com introdução de Ribeiro Couto. Expunha-os na casa editora de Jacinto Silva, à Rua 15 de Novembro, quando recebeu a visita de Graça Aranha, que ali conheceria Oswald, Menotti del Picchia, Mário de Andrade e Guilherme de Almeida. "Sua habilidade de diplomata, seu *savoir faire* de mundano, sua autoridade de mais velho, agiam como música sedutora. Ele prometia unir-nos aos modernistas do Rio, levar o nosso movimento ao Norte e ao Sul de todo o Brasil", disse Di (CAVALCANTI, 1955 : 112-14).

Apresentado por Aranha a Paulo Prado, Di Cavalcanti foi levando a roda modernista à mansão da Avenida Higienópolis. Nas conversas de salão surgiu a idéia de uma série de conferências, exposições e concertos para divulgar as novas posturas estéticas que eles vinham discutindo em cafés, nas livrarias e na *garçonnière* de Oswald de Andrade, onde comporiam o diário coletivo *O Perfeito Cozinheiro das Almas Deste Mundo.* Marie Lebrun – ou dona Marinette –, companheira de Paulo Prado, sugeriu que se fizesse uma semana de arte nos moldes dos festivais que se realizavam anualmente num balneário francês da costa normanda (PRADO, 1976: 11).

Inspirados nas Fêtes de Deauville, que reunia mostra de pintura, audições musicais, declamação e até desfiles de moda, eles partiram para um projeto mais ambicioso. Aproveitando a onda do centenário da Independência, decidiram promover algo semelhante no suntuoso Teatro Municipal. Queriam "escândalos literários e artísticos, de meter os estribos na barriga da burguesiazinha paulistana", bem ao gosto de Paulo Prado que, de acordo com Di Cavalcanti, não suportava o caipirismo da gente do comércio e da lavoura, os magnatas da alta finança com quem era obrigado a conviver (CAVALCANTI, 1955: 114-15).

Cedido graças à interferência de Paulo Prado, cujo aval era um atestado de idoneidade aos olhos da classe dirigente, aquele espaço referendado pelo *status quo* foi pago com contribuições coletadas por ele – o primeiro a subscrever a lista de doações, seguido por dona Olívia Guedes Penteado, que desembolsou sua parte da conta dividida com barões do café e nomes de peso. Sem ele, ou sem os amigos que aliciou para o financiamento da empresa, a Semana não teria acontecido. "Seu concurso, franco e decidido, retirava ao movimento o caráter de brincadeira ou fantasia de jovens, que no entendimento dos menos avisados pudesse investir", registrou Paulo Mendes de Almeida no *Suplemento Literário* de *O Estado de S. Paulo* em 17 de fevereiro de 1962, por ocasião dos 40 anos da Semana de 22.

Os artífices do festival modernista

Muito se tem especulado sobre os personagens-chave da Semana de 22. Quais foram, afinal, seus verdadeiros mentores? Que cérebros possibilitaram a reunião de pessoas tão díspares no evento que inauguraria o modernismo brasileiro? Em primeiro lugar, temos a já mencionada figura de Graça Aranha, o diplomata aposentado recém-chegado da França com pruridos de mentor da última safra de intelectuais. A presença dele significara uma dádiva dos céus. "Com seu endosso, seríamos tomados a sério" (ANDRADE, Oswald, 1992: 123). Além das motivações de cunho comercial em torno de uma negociação de 2 milhões de sacas de café com o governo francês, que Aranha intermediava para Paulo Prado, ele estava apaixonado por Nazaré, uma das irmãs do mecenas – ela, sim, a principal razão de sua ida a São Paulo sob o pretexto de pronunciar conferências.

Romancista aclamado, Graça Aranha vinha de publicar uma obra de que, muito vaidoso, dizia estar para o século 20 bem como a *Crítica da Razão Pura*, de Kant, estivera para o século anterior. Convencido do internacionalismo da arte, na contramão dos modernistas tropicais, acreditava que precisávamos aprender com os velhos países mais adiantados do que nós (ARAÚJO, 1958: 11). Aceitaram sua liderança porque necessitavam de um nome de fachada, de ressonância, para impor-se ao público. Nos bastidores, porém, zombavam dele. "Nós nos ríamos um bocado da Estética da vida, que ainda atacava certos modernos europeus da nossa admiração, mas aderimos francamente ao mestre", declarou Mário de Andrade em 1942 (ANDRADE, 1974: 234).

Para Oswald de Andrade, no entanto, o responsável por tudo fora Paulo Prado. "A sua modéstia de fidalgo, a sua dupla personalidade de escritor e comerciante, o fato de ter aparecido tarde em nossas letras e mais possíveis contextos fizeram com que Paulo Prado nunca desejasse o primeiro plano", escreveu na revista *Anhembi* de 1954: "Ele colocava em sua frente Graça Aranha, geralmente confuso e parlapatão, filho duma abominável formação filosofante do século XIX, mas grande homem nacional, pertencente à nossa Academia de Letras, e autor de um livro tabu, Canaã, que ninguém havia lido e todos admiravam." (ANDRADE, Oswald, 1992: 123.)

Primogênito do conselheiro Antônio Prado, dono de imensa fortuna e político de grande prestígio na época, Paulo Prado, nascido em 1869, desde as vésperas da Semana se ligara aos modernistas, incentivando-os e apoiando-os em seus projetos. Cosmopolita, culto e amante das artes, ele os acompanhou em Paris no final de 1923, em contatos com a vanguarda, nas visitas a galerias de arte e ateliês, numa roda animada da qual dona Olívia Guedes Penteado também fazia parte. Como a maioria dos integrantes desse círculo, trouxe obras significativas dos "continuadores" do cubismo* dos anos 20, entre os quais um Juan Gris, alvo de exames e teorizações inflamadas.

Ao lado da francesa Marie Lebrun, com quem se casaria, Paulo Prado oferecia faustosos almoços de domingo, "maravilha de comida luso-brasileira", segundo Mário de Andrade, um dos mais assíduos. E, ao contrário dos patriarcas barões do café, ele sempre se manteve coerente com o lema de Rabelais, inscrito no mármore do último degrau de acesso a seu sobrado da Avenida Higienópolis, 31: *Fays ce que vouldras*, isto é, "Faça o que bem entender". Nos domínios de Paulo Prado, que recebia magnificamente, as discussões sobre renovação artística e vanguardismo davam a tônica. "Além de se comer e beber dentro duma grande tradição civilizada, ali se debatiam os problemas candentes da transformação das letras e das artes", afirmaria Oswald de Andrade. "Pode-se dizer que, depois da pobreza da minha *garçonnière* na praça da República, foi a casa de Paulo Prado o centro ativo onde se elaborou o Modernismo" (ANDRADE, Oswald, 1992: 123).

Outro salão de inquestionável importância no cenário cultural de São Paulo e, por conseguinte, na Semana de 22, foi a Villa Kyrial. Adquirida em 1904 por José de Freitas Valle, gaúcho que emigrara dos pampas aos 16 anos para cursar a Faculdade de Direito do Largo São Francisco, a chácara da Rua Domingos de Morais, número 10, marcou a vida intelectual da cidade nos primórdios do século 20. Recepcionando em requintados banquetes tanto a nata da oligarquia quanto jovens talentos sem recurso, que ali buscavam apoio, Valle proporcionou um espaço de sociabilidade e troca de idéias entre artistas, poetas e escritores de tendências e posições ideológicas as mais diversas. Os célebres saraus da Vila Mariana atraíam nomes do mundo literário, os quais, em um movimento dialético, mais tarde viriam questionar a estética conservadora predominante em seu salão.

Freitas Valle foi um dos animadores da classe dominante que acolheram os modernistas, com isso não apenas lhes dando amparo e aval ante a tradição, como reforçando os vínculos entre eles (CANDIDO, 1965: 195). Amigo de Villa-Lobos e dos protagonistas da Semana, financiador e colaborador do cenáculo simbolista mineiro que teria como estrela maior Alphonsus de Guimaraens, deputado e senador pelo Partido Republicano Paulista, Valle teve atuação legislativa centrada no ensino e fomento das artes. Recebeu em sua casa o músico erudito Darius Milhaud, que viera ao Brasil em 1917 a convite de Paul Claudel, chefe da delegação francesa no Rio de Janeiro, e também Blaise Cendrars, apóstolo-guia dos modernistas na fase pós-Semana.

Hábil articulador político, Freitas Valle colaborou para a instituição do Pensionato Artístico, programa que comandou de 1912 até a Revolução de 30, distribuindo bolsas de aperfeiçoamento a estudantes de artes plásticas e música como forma de minimizar a inexistência de ensino superior nessas áreas. Na sua vigência, contemplou artistas como João de Souza Lima, Francisco Mignone, Anita Malfatti e Victor Brecheret. O programa, que funcionou até 11 de abril de 1931, quando foi substituído pelo Conselho de Orientação Artística, manteve na Europa nomes que se consagrariam no panorama da cultura brasileira.

Nas artes plásticas, o Pensionato foi responsável pela ampliação do acervo da Pinacoteca do Estado, graças à produção dos artistas pensionados, que no final do estágio doavam à instituição obras de sua autoria, conforme estipulava o regulamento. Apesar de direcionar os estudos segundo parâmetros acadêmicos, o Pensionato também contribuiu para alargar os horizontes dos bolsistas. Sem intermediários, as jovens inteligências do Estado iam beber direto na fonte a nova conceituação estética européia, podendo-se creditar ao Pensionato boa parcela de responsabilidade pelo modernismo e a razão pela qual a Semana de 22 teria sido realizada em São Paulo.

Há outra personalidade que, ainda por vias transversas, deve ser lembrada quando o assunto é Semana de 22. Estamos falando de Monteiro Lobato, por muitos tido como "ferrenho inimigo dos modernos". Tudo começou quando, tendo em vista atrair espectadores e a simpatia da mídia por seu prestígio e popularidade, ele foi convidado para apadrinhar as vesperais do Municipal. Segundo registraria Oswald de Andrade no *Jornal do Comércio* de 11 de novembro de 1922, aquela seria a chance de Lobato dar continuidade a sua atitude inicial de inovação na "estética paulista", iniciada em *Urupês*. Com sua recusa, quem sabe por "receio de se encantar no movimento modernista", convocaram o acadêmico Aranha (ANDRADE, Oswald, 1992: 121).

Moderno na ampla acepção da palavra, e igualmente grande entusiasta de Victor Brecheret, que não se cansava de elogiar na *Revista do Brasil* e n'*O Estado de S. Paulo*, em que colaborava, o criador do *Sítio do Picapau Amarelo* teria fornecido aos "futuristas" motivação e exemplo. Motivação, pela crítica, em 1917, à mostra de Anita, da qual também participavam artistas norte-americanos, numa sala da Rua Líbero Badaró, 111. Ali, os 53 quadros expressionistas e experiências cubistas levaram Lobato a censurar seu estilo importado no artigo "A propósito da exposição Malfatti", mais tarde republicado em livro sob o título *Paranóia ou Mistificação?* Apesar de também ressaltar a inventividade da pintora e destacar suas "qualidades inatas e adquiridas das mais fecundas para construir uma sólida individualidade artística", que ele temia ver corrompida em prol das escolas estrangeiras, aquilo afetou a carreira de Anita. Com isso Lobato a converteu indiretamente na bandeira em nome da qual ergueram-se as barricadas cujo estopim explodiria na Semana de 22.

De Mário de Andrade – que a tinha como a responsável por dar-lhes uma primeira consciência de revolta e de luta pela modernização nas artes – Anita mereceu o reconhecimento por meio de repetidas visitas à mostra, numa das quais lhe ofertou um soneto parnasiano a *O Homem Amarelo*, quadro por ele adquirido na inauguração da Semana de 22, a despeito de sua crônica penúria financeira. Como resultado, a pintora tornou-se uma espécie de "santa da ala demoníaca dos reformadores", como bem observou Menotti del Picchia na edição de 20 de fevereiro de 1919 do *Correio Paulistano*. "Seu nome traz o prestígio dos taumaturgos e dos mártires", disse, ajudando a propagar a faísca detonadora do movimento. No mais, vale lembrar que, na opinião de Lobato, o movimento modernista viria desempenhar uma função muito séria em nossas letras, forçando-nos a uma atenta revisão de valores e seria equivalente a um 7 de setembro artístico e literário.

Lobato – escritor consagrado como o pai da boneca Emilia – também serviria de exemplo, por sua militância nas letras, quando muito antes de qualquer vanguarda rompeu com o idealismo nativista da literatura até então produzida e adotou a oralidade nos textos, que adquiriram um sotaque mais brasileiro, refletindo a língua falada nas ruas. Isso sem mencionar a revolução que promoveu nas artes gráficas, reformulando o *design* editorial e diversificando os títulos. Somada a outros lances de *marketing* para difundir o livro-mercadoria país afora, sua visão arrojada há muito o incluía entre os homens que alargaram os horizontes de seu tempo. Já a preocupação com a busca das raízes autenticamente nacionais, que em 1917 o levara a promover o originalíssimo inquérito sobre o saci pelas páginas do *Estadinho*, mantivera Lobato ligado à parcela da intelectualidade interessada em investigar a cultura brasileira.

E, ao contrário do que se acredita, Lobato jamais rompeu com os modernistas. Prova disso é que no final de 1921, ele editou *Fantoches da Meia-noite*, de Di Cavalcanti, àquela altura identificado com o simbolista Beardsley. Também publicou, no ano seguinte, a novela *O Homem e a Morte*, de Menotti del Picchia e *Os Condenados*, de Oswald de Andrade, ambos com capas desenhadas por Anita Malfatti, pivô da requentada querela. E se não chegou a editar o livro de versos de Mário, por razões estritamente comerciais, sugeriu uma explicação introdutória que, acatada, resultaria no Prefácio Interessantíssimo, parte de extrema importância da *Paulicéia Desvairada*: "Leitor: está fundado o Desvairismo. Este prefácio, apesar de interessante, inútil. (...) Quando sinto a impulsão lírica escrevo sem pensar tudo o que o meu inconsciente me grita. Penso depois: não só para corrigir, como para justificar o que escrevi. Daí a razão deste Prefácio Interessantíssimo."

Há, no entanto, quem diga que a Semana de 22 só aconteceu devido a um simples acaso do destino, a um feliz encontro de dois opostos, duas forças dispares que de repente se atraem, se equilibram e se completam. Em um fenômeno de fusão química única, os dois Andrades – Mário e Oswald – teriam funcionado como catalisadores de uma tendência esboçada no cenário do pós-guerra. Dotados de personalidades, extração social, atitude e estilos em tudo inversos, eles conheceram-se em 1917, quando Oswald foi a um recital no Conservatório Dramático e Musical, na Avenida São João, 269, do qual Mário era professor. Juntos, dinamizaram e deram vida à constelação que se formou ao redor deles, e a qual souberam inspirar e fecundar.

Efetivamente, não poderia haver dois tipos tão diversos de intelectual, observou Paulo Mendes de Almeida no *Suplemento Literário* de *O Estado de S. Paulo*, em 17 de fevereiro de 1962.

"Mário era ruminante. Desconfiava do fácil e da própria facilidade. Era homem de pensar e repensar." A Mário cabia matutar, debruçar-se sobre o já pensado, analisar e refletir. Ele, portanto, adequava-se com perfeição ao cargo de teorista do movimento. Irreverente e debochado, Oswald, ao contrário, entregava-se às primeiras idéias, quando elas ainda não passavam de sensações e sentimentos: "Era uma inteligência a jato, com admirável poder de síntese. De síntese quase instantânea das coisas, sobre as quais jamais teria a paciência de meditar". O amálgama consolidou-se nessa reunião dos Andrades em São Paulo: "Mário era o cimento: Oswald a areia, um pouco mais áspera e atritante".

Mesmo que o Oswald lendário e anedótico elaborado pelo público significasse aquilo que o mundo burguês da capital

Oswald e Mário de Andrade, à época da Semana de 22. (Acervo Iconographia/Companhia da Memória)

provinciana enxergava de perigoso e negativo para seus valores artísticos e sociais (CANDIDO, 2004: 48), as diferenças superavam qualquer semelhança entre os dois. "Mário de Andrade era um show. Sua alta estatura, sua mulatice risonha exprimindo-se numa dentadura faustosa, sua voz cálida e cantarolada, seu amor pela música e pelo folclore e sua cultura incipiente esplendendo no deserto letrado de Piratininga, tudo isso fazia com que em torno dele se congregassem amigos e medrassem devotações", registraria Oswald, afirmando que, sem sua presença catalítica, o modernismo teria sido, pelo menos, retardado (ANDRADE, Oswald, 1992: 120-2).

Em resumo, Mário era apolíneo; Oswald, dionisíaco. Dessa rara coesão tensionada por forças divergentes, resultou a dinâmica que animou o grupo ao qual transfundiram audácia, segurança e entusiasmo. A eles coube a liderança inquestionável por sua ação estimuladora e informativa, não apenas nos anos que antecederam a Semana como no decorrer da década de 20 (AMARAL, 1976: 17). Tanto isso era verdade que seu rompimento produziria um traumatismo na vida intelectual paulistana. "A minha briga com o Mário de Andrade foi uma feroz briga de namorados. Eu o ataquei, ele me omitiu. Na sua conferência do Itamarati, minha casa passou a ser o salão de Tarsila", explicou Oswald, em alusão à palestra proferida em 1942.

No mais, se procurarmos saber por que o episódio modernista se processou na capital paulista e não em qualquer outra parte do Brasil, poderemos constatar que foi uma conseqüência da mentalidade fabril e febril. "São Paulo era de há muito batido por todos os ventos da cultura. Não só a economia cafeeira promovia os recursos, mas a indústria, com sua ansiedade do novo, sua estimulação do progresso, fazia com que a competição invadisse todos os campos de atividade", afirmou Oswald de Andrade, que desde o ginásio se habituara a freqüentar a livraria da Rua 15 de Novembro, a Casa Garraux: "Aí se encontravam todas as novidades da Europa. Editoras, livros e revistas sempre foram preocupações paulistas. Assim, uma conjunção feliz de circunstâncias, entre as quais a presença entre nós de dois bons padrinhos, Graça Aranha e Paulo Prado, fez eclodir a Semana no ano do centenário da independência nacional" (ANDRADE, Oswald, 1992: 127).

O que ficou de fora da Semana

Se tivesse realmente pretendido representar tudo de novo que se fazia em termos artísticos no país, a Semana de 22 poderia ser taxada de "retumbante fracasso". Pois tanto em artes plásticas, quanto em literatura e música, teve uma abrangência que deixou a desejar. Primeiro, a lista de participantes restringiu-se ao velho clichê do eixo Rio–São Paulo, como se nada de relevante ocorresse nos demais estados. O pernambucano Joaquim Inojosa, por exemplo, que levaria para o Nordeste os ecos do movimento paulista, só integraria o círculo mais tarde. Depois, até entre paulistanos e cariocas, não convocou vários nomes importantes que teriam grandes contribuições a dar ao debate. Alguns estudiosos citam Seelinger, José Maria dos Reis Jr., Gastão

Worms, Quirino da Silva, Eliseu Visconti e Vicente Amoedo que poderiam ter figurado no seu catálogo, além do carioca Artur Timóteo, tido como um típico *fauve* em sua fase final.

O mesmo poderia ser dito sobre o mineiro Belmiro de Almeida, autor do "precioso realismo" de *Arrufos*, e que fizera incursões experimentais pelo pontilhismo dos neo-impressionistas Signat e Seurat. O fato de Belmiro ter ensinado na Escola Nacional de Belas Artes por longos anos não justificaria não ter sido convidado. O festejado Victor Brecheret, por exemplo, estudava em Paris, na época, sob os auspícios do Pensionato Artístico, sabidamente acadêmico, e nem por isso foi discriminado.

Já na literatura, excluindo Monteiro Lobato pelas razões explicadas, outra ausência notória foi a de Juó Bananére. Pseudônimo do engenheiro Alexandre Ribeiro Marcondes Machado, ele assinava esquetes cômicos em *O Pirralho*, no qual, a partir do décimo número, em 1913, tomou o lugar de Oswald de Andrade na coluna *Diário D'Abax'o Piques*. Seu mérito consistiu em captar o dialeto macarrônico, baseado nas interjeições do linguajar paulista falado pelos dois terços de imigrantes dos 590 mil habitantes contabilizados no censo de 1920. Essa pluralidade étnica, evidenciada, sobretudo, no campo lingüístico, em que o português fundia-se com o italiano, mediante interpenetrações de vocábulos e empréstimos mútuos de gíria, foi por ele imortalizada nos versignos popularo da *Divina Increnca*. Apesar da popularidade comprovada nas nove edições sucessivas do livro entre 1915 e 1925, Bananére não era palatável às elites bem-pensantes.

A irreverência de Bananére custou-lhe o emprego: ele acabou demitido por pressões de estudantes de direito e de personalidades públicas, por ter parodiado discurso patriótico de Olavo Bilac. Quanto a Lobato – a quem, para Wilson Martins caberia a liderança natural do movimento –, sua eventual participação teria sido no mínimo controvertida, posto que ela implicaria na aceitação das mesmas pinturas de Anita Malfatti tão veementemente criticadas na mostra de 1917.

Na arquitetura, o grande esquecido foi Victor Dubugras, que em 1907 havia construído a estação ferroviária de Mairinque, utilizando o arrojado concreto armado em um estilo próximo dos "modernos" alemães originários da *Sezession* austríaca – movimento que teria como equivalentes o *art nouveau* na Bélgica e na França, *Jugendstil* na Alemanha e *liberty* na Inglaterra. Além disso, seu neocolonial, presente também em Georg Przymberel, era de certa forma visto com bons olhos pelos modernistas.

Também ficaram de fora chargistas como Voltolino, ilustrador de inúmeras publicações da época, incluindo *O Parafuso*, para o qual fazia de dez a 20 desenhos por exemplar junto com Ferrignac e Di Cavalcanti – que esteve no Salão dos Humoristas do Rio de Janeiro em 1916, um ano antes de sua primeira mostra de caricaturas em São Paulo, na redação de *A Cigarra*. Elegantes em seus traços satirizando os costumes da sociedade aspirante ao cosmopolitismo, J. Carlos e Belmonte tampouco fariam feio no saguão de entrada do Teatro Municipal. E ainda que Mário e Oswald de Andrade tivessem feito uma viagem que

Menotti del Picchia compararia à epopéia bandeirante, como registrou em outubro de 1921 no *Correio Paulistano*, com o fito de granjear para a causa modernista "o escol da cultura na capital carioca", a verdade é que dezenas deles não participaram por puro desconhecimento dos artífices da Semana.

Freitas Valle por Voltolino. (Acervo Companhia da Memória)

Ao referir-se a Adelino Magalhães ou Nestor Vitor, tidos como precursores, Mário de Andrade confessou que, se sabiam da existência de Manuel Bandeira por um "acaso de livraria" e o admiravam, "dos outros, nós, da província, ignorávamos até os nomes, porque os interesses imperialistas da Corte não eram nos mandar 'humilhados ou luminosos', mas a grande camelote acadêmica, sorriso da sociedade, útil de provinciano gostar" (ANDRADE, 1974: 235).

Agora, se pretendia buscar as raízes brasileiras, o grupo terminou com saldo devedor, por total ausência do ingrediente popular, tanto nas artes plásticas quanto nas letras e na música. Esqueceram de chamar Ernesto Nazaré, tão apreciado por Mário de Andrade e por Darius Milhaud. Pois foi após ter feito amizade com ele e Donga, que Milhaud compôs *Primeira Sinfonia*, regida por Francisco Braga. Em abril de 1924, na revista

Ariel, o francês lamentava que o folclore exuberante de ritmos, de linha melódica tão particular, não fosse expresso de maneira mais viva e original: "Seria de desejar que os músicos brasileiros compreendessem a importância dos compositores de tangos, de maxixes, de sambas e de cateretês como Tupinambá ou o genial Nazaré".

Onde se esconderam os violões que até Francisco Mignone, nos seus tempos de Chico Bororó, dedilhava nas serenatas pelas ruelas da cidadezinha ainda iluminada a lampiões a gás? Em sua tentativa de resgate das origens nativas, presente basicamente na música de Villa-Lobos, os modernistas inspirados em Picasso, devedor da estatuária africana, não valorizaram a matéria-prima do riquíssimo repertório negro, elaborado desde a escravidão. Tampouco conseguiram descobrir um Rousseau tupiniquim, como fizera o mestre cubista, nem convidaram Theodoro Braga e sua tentativa de arte aplicada baseada nos desenhos dos indígenas marajoaras (BARDI, 1987: 30).

Isso não foi tudo. Ao contrário dos vanguardistas europeus, a Semana de 22 ignorou a fotografia e o cinema, embora estes formassem entre as linguagens mais contemporâneas e revolucionárias do período, sendo festejadas tanto pelo futurismo italiano quanto pelo dadaísmo*. Desde o início do século 20, a fotografia já aparecia em revistas como *O Malho*, *Kosmos*, *Fon-Fon*, *A Cigarra* e *Paratodos*, que utilizavam largamente os clichês para ilustrar suas matérias. E como experimento artístico e inovação estética, a fotografia celebrizara-se no auto-retrato *Os Trinta Valérios*, de Valério Vieira (1862-1942), que causou furor na Exposição Internacional de Saint Louis, Estados Unidos, em 1904, ganhadora da medalha de prata pela fotomontagem com 30 poses diferentes do autor. Sem mencionar que no ano da Semana de 22 Valério assinava uma vista panorâmica de São Paulo, em sete tomadas fotográficas com chapas de vidro numa única seqüência, para representar o estado na Exposição Internacional do Centenário da Independência no Rio de Janeiro. Ou seja, nada justificava não incluir na mostra de arte a fotografia, que já havia encontrado seu paradigma e dispunha de recursos técnicos na ocasião do evento. Vale ainda relembrar que Mário de Andrade se destacaria como fotógrafo intuitivo, utilizando as lentes de sua Kodak nas andanças pelo interior do Brasil, poucos anos depois.

A primeira edição da revista *Klaxon*, 15 de maio de 1922. (Biblioteca Guita e José Mindlin)

Quanto ao cinema, não foi por desconhecimento que ficou de fora. A edição inaugural de *Klaxon* – publicação que vinha consolidar e deitar as regras da nova estética modernista – apontava a cinematografia como a criação artística mais representativa do período e cuja lição era preciso observar. Exaltando Pérola White, a atriz de cinema identificada com os valores e a linguagem do século 20, em detrimento de Sarah Bernhardt, um nome do século 19, a revista dava a receita da modernidade que tinha em mente na edição de 15 de maio de 1922: "Sarah é tragédia, romantismo sentimental e técnico. Pérola é raciocínio, instrução, esporte, rapidez, alegria, vida".

Com exceção do quarto número, o órgão oficial dos modernistas tocou no assunto em cada uma das suas nove edições, em artigos do múltiplo Mário de Andrade, sob os pseudônimos de R. de M., G. de N., Ínterim ou simplesmente "A". A exemplo de Oswald de Andrade, ele apostava no florescimento de uma indústria cinematográfica paulista, razão pela qual aplaudiu com vigor a tentativa da empresa Rossi Film, que rodou *Do Rio a São Paulo para Casar*, sob a direção de José Medina, a despeito de algumas incoerências do enredo e dos estrangeirismos, por ele criticados na *Klaxon* de junho de 1922 : "É preciso compreender os norte-americanos e não macaqueá-los. Aproveitar deles o que têm de bom sob o ponto de vista técnico e não sob o ponto de vista dos costumes."

Evidente fica ainda o entusiasmo pela figura de Carlitos, tido por Mário como autor de obras-primas e expressão máxima da modernidade: "Sob a roupagem do mais alto cômico, Chaplin atingiu a eloqüência vital das mais altas tragédias. Charles é o professor do século XX. *Klaxon* desfolha louros sobre o homem que lhe dá tão eterna e tão nova lição", diria em 15 de julho de 1922. É sabido que os modernistas apropriaram-se da imagética e da narrativa da sétima arte, presente nos poemas de Luís Aranha e no romance *Os Condenados*, de Oswald de Andrade. Pois o contato com a sintaxe cinematográfica vinha de longa data – mais precisamente, de 1898, quando Afonso Segreto rodou sua pioneira fita de "vistas".

Apesar de crescer aquém do número de espectadores, a produção de películas nacionais já encantava o público nas décadas iniciais do século 20. Abarcando a fase patriótica decorrente do impacto da Primeira Guerra Mundial e ao lado da temática indígena, com inúmeras versões de *O Guarani* e *Iracema*, entre 1913 e 1922, foram produzidos cerca de 60 filmes, muitos deles baseados em assuntos históricos, romances e até na poesia de Bilac. Em 1917, por exemplo, a Companhia Cinematográfica Paulista produziu *Pátria Brasileira*, sob a direção de Guelfo Andalo, coincidindo com o primeiro desenho animado nacional, *O Kaiser*, do caricaturista Seth.

Diante dessa realidade, muitos perguntam por que não exibiram um filme durante o festival modernista. Não temos respostas, apenas especulações. Talvez as películas então disponíveis não se afinassem com o espírito da vanguarda. Nessa época, o "general" do futurismo nativo vinha criticando o cinema como puro entretenimento, meros "objetos de prazer", idealizados para atrair o "maior número de basbaques possível". Sempre na *Klaxon*, Mário de Andrade defendia o cinema como algo mais que mero passatempo ao alcance de todos, cujo único propósito era auxiliar a digestão e preparar o sono: "Já se foi o tempo em que servia somente para a demonstração da cronofotografia. Evoluiu, tornou-se arte, e veio acentuar ainda mais a decadência do mau hábito dos serões em família, enfadonhos e intermináveis, mesmo quando se fala da vida alheia", afirmou na página 30 da revista que contemplava os meses de dezembro de 1922 e janeiro de 1923.

Enxergando o cinema como uma arte com poucas obras-primas, à época, conclui-se que os organizadores da Semana não encontraram uma fita à altura de suas expectativas. Filmes experimentais só seriam produzidos quase uma década mais tarde, com *São Paulo, Sinfonia da Metrópole*, de Adalberto Kemeny, e *Limite*, de Mário Peixoto, rodados em 1929 e 1930, respectivamente. O primeiro filme modernista 100% nacional, que seria dirigido em 1924 por Blaise Cendrars, acabou fracassando pela falta de financiamento, suspenso tão logo tiveram início as agitações tenentistas de 1924.

No rastro das contradições do festival, ressalta-se o fato de que, preferindo o cinema ao teatro como forma de expressão artística, os modernistas usaram o Municipal para palco da sua "revolução" estética, apesar da abertura em 1921, do luxuoso Cine-Teatro República, localizado na praça homônima. Não obstante, nenhum espetáculo teatral figurou na programação da Semana, embora em 1922 São Paulo tenha tido contato com uma das tentativas mais interessantes na área, empreendida pela Companhia Brasileira de Comédias, vinda do Rio de Janeiro. Sob a direção de Oduvaldo Vianna, autor de *Manhãs de Sol*, a peça de estréia, com um elenco liderado por Abigail Maia, contava com o jovem ator Procópio Ferreira. Afora as representações no Teatro Apolo, que incluíam *Demônio Familiar*, de José de Alencar, e *Levada da Breca*, de Abadie Faria Rosa, Vianna criara uma vesperal no Cine-Teatro República. Isso, sem mencionar as veladas das associações operárias que desde o início do século 20 produziam uma instigante cultura política com sessões de música, dança e conferências dedicadas ao repertório pertinente ao cotidiano dos trabalhadores. Quermesses e bailes duravam das 8 horas da noite do sábado até a manhã de domingo, combinando dramatização do dia-a-dia com peças clássicas do teatro libertário europeu, como *Galileo Galilei* e *Giordano Bruno.*

Com tantas manifestações artísticas deixadas de lado pelos modernistas, não é de estranhar que artigo da revista *Vida Moderna* os ironizasse em 15 de março de 1922. "Em Futurópolis", registraria Júlio Freire, "o exclusivismo de um dos grupos fez com que os seus membros resolvessem efetuar em público uma grande sessão de... esquecimento! E criaram a Semana de Arte Moderna." Assim, se partirmos do pressuposto de que, em vez de deitar parâmetros, os modernistas da primeira hora pretendiam apenas opor-se ao que a dupla "Marioswald" convencionou chamar de "passadismo", injustiças foram cometidas contra inúmeros artistas. Porém, mais do que um traço puramente negativo, tais ausências denotam o cunho de improviso da Semana, conjugando fragmentação, liberdade, lirismo, e despreocupado *nonsense.*

"De primeiro foi um fenômeno estritamente sentimental, uma intuição divinatória, um estado de poesia, em que viviam numa união iluminada das mais sublimes, isolados do mundo ambiente", diria Mário de Andrade. "E eram aquelas fugas desabaladas dentro da noite, na cadillac verde de Osvaldo de Andrade, a meu ver a figura mais característica e dinâmica do movimento, para ir ler as nossas obras-primas em Santos, no Alto da Serra, na Ilhas das Palmas..." (ANDRADE, 1974: 232-7).

Posto de outro modo – longe de constituir um evento planejado com antecedência – o delírio ingênuo e exaltado da Semana prova antes que as inconsistências livram-na de um peso e de uma responsabilidade histórica que a sobrecarrega e distorce: "Como qualquer movimento literário, esse se processou no início sem esquema, sem passaporte e sem justa definição", garantiria Oswald de Andrade em 1954, explicitando aquele momento em que os produtores culturais se auto-organizaram em torno de teorias ou práticas, unidos por afinidades e interesses comuns. "Tratava-se apenas de uma onda de oposição e de revolta que, refletindo as agitações da Europa, se erguia sobre o marasmo das letras e das artes nacionais" (ANDRADE, Oswald, 1992: 120).

Nessa fase inicial e "heróica", não existia um projeto estético claramente elaborado, que surgira aos poucos, no decorrer dos debates que dariam origem aos manifestos *Pau-Brasil*, *Antropófago* e *Verde-Amarelo*, entre outros, com suas respectivas revistas. Sem normas preestabelecidas, regulamentos restritivos ou estratégias de inserção no mercado de bens simbólicos, típicas de instituições como as academias, a Semana de Arte Moderna nasceu com a força propulsora primitiva e anticonvencional das formações (WILLIAMS, 1992: 33-87). Ou, como queria Paulo Prado, veio à luz sem programas, sem preconceitos, "livre e até mesmo anárquica, mas viva e fecunda, com todos os encantos de mocidade alegre e revoltada" (THIOLLIER: s/d, 52).

Blague ou ruptura estética?

Emblemática de um código novo, componente catalisador da busca da brasilidade e questionando a prática de importação de estratégias culturais, a Semana de 22 não deve ser fixada como um corte epistemológico, espécie de marco zero das artes e da literatura brasileira. Face mais visível e melhor divulgada de uma série de episódios que vincariam o ano de 1922, como o levante dos 18 do Forte de Copacabana, ela simboliza um referencial a indicar a mudança de mentalidade que iria, ao longo daquela década, colocar em xeque o liberalismo excludente da República Velha.

Inserida na dinâmica social de turbulências políticas e econômicas, a Semana de 22 carregava o peso da tradição com a qual pretendia romper, debatendo-se no dilema de um país multicultural que, impregnado dos valores europeus, não exprimia toda a sua diversidade. Mas passou ao largo dos debates políticos, pairando num substrato alienado do dia-a-dia. No panorama tensionado pelas seqüelas da Primeira Guerra e da Revolução Russa, da greve geral de 1917 conduzida por 70 mil operários, passou distante dos embates que se davam nas portas das fábricas e nas ruas dos bairros proletários. Elitista, identificava-se mais com o *raid* aéreo do Rio de Janeiro a Buenos Aires, empreendido em 1921 pelo herói dos céus Edu Chaves, que Menotti elegeria como o novo Ícaro, em avião cedido por Washington Luís e pintado com as cores paulistas.

Nos versos da *Paulicéia Desvairada*, de Mário de Andrade, não cabiam estrofes que denunciassem a situação do povo e muito menos as insurreições incubadas, prestes a eclodir naquele ano, suscitando desdobramentos que levariam, inclusive, à fundação do Partido Comunista. Já Oswald de Andrade – que mais tarde daria uma guinada radical à esquerda – ainda estava fortemente vinculado à sua classe de origem para abranger no seu projeto cultural e estético o outro extremo da modernidade, personificada pelos trabalhadores. Posta de outra forma, a Semana de 22 foi, na época, acompanhada com interesse pela população que dela não participou por se tratar de "coisa de grã-fino".

Protegidos dentro das mansões oligárquicas de mecenas como José de Freitas Valle, Paulo Prado e Olívia Guedes Penteado, os modernistas inseriam-se no arcabouço institucional da sociedade burguesa. A maioria deles, incluindo Cândido Mota Filho, Tarsila do Amaral e Oswald de Andrade, mantinha ligações estreitas com o Partido Republicano Paulista. Menotti del Picchia era repórter do *Correio Paulistano*, órgão do PRP, ao qual se filou juntamente com Cassiano Ricardo e Plínio Salgado. Ao lado de uma clara subserviência ao poder estabelecido, os principais atores da Semana não pensavam em construir uma estética engajada nem uma linguagem que servisse como ferramenta de transformação da realidade. A vanguarda artística paulistana estava, portanto, divorciada da vanguarda política, e a uma segura distância do sentido saint-simoniano do termo – de que a arte deveria ter uma finalidade social, sendo necessariamente utilitária, didática e de fácil compreensão.

Naquela fase eles não vivenciavam o dilema do poeta Maiakóvski, dividido entre a poesia para o povo e as metáforas intelectualizadas das novas formas de expressão artística. Nem questionavam se o biscoito fino de Oswald de Andrade seria palatável às massas. Pelo contrário, reunindo-se em espaços sagrados pelo *status quo* como os salões artístico-literários, ou o Trianon, na Avenida Paulista, local de banquetes e confraternizações da alta sociedade, não dialogavam com o universo político que se radicalizava em lutas reivindicatórias populares. Foi Oswald de Andrade quem descreveu o modernismo como um equívoco em que o contrário do burguês não era o proletário, e sim o boêmio, num território onde a população continuava ignorada, enquanto os intelectuais brincavam e de vez em quando davam tiros entre rimas.

Desvinculado da militância política, o modernismo condensado na Semana de 22 fincava suas raízes na interseção de vanguarda, folclore e urbanismo. Reportando-se ao mundo cosmopolita e em franca industrialização – enquanto se contrapunha ao universo rural que remetia ao passado –, enquadrava-se no conceito de moderno instituído por Charles-Pierre Baudelaire,* à idéia do efêmero, do fugaz, do passageiro. Nas pegadas do manifesto *L'Esprit Nouveau*, fixado por Apollinaire em 1917, sugerindo o abandono das leis gerais e dos conjuntos absolutos do século 19, e no limiar do surrealismo* de André Breton, de 1924, a Semana de 22 pretendeu elaborar uma estética experimental. Ligados à síndrome de demolição dos parâmetros antigos, seus artífices propunham uma linguagem desestruturada, a traduzir sensações e experiências da vida citadina. Reproduziam Stravinsky que, ao colocar a percussão em primeiro plano na *Sagração da Primavera* em 1913, dera o tônus do século 20, pautado pelo ritmo da máquina, pela velocidade do automóvel e pelo barulho da metrópole.

Para abraçar a modernidade, era mister destruir sobrevivências arcaicas ou anacrônicas, liberando o ser humano para novas formas de expressão. Sobretudo na poesia, o modernismo desafiou as regras fixas e as métricas, introduzindo assuntos tidos como inapropriados para aquela literatura nobre, bela, superior. Tiveram a petulância de fazer as elites ilustradas engolirem *Os Sapos*, escrito por Manuel Bandeira em 1918 e declamado por Ronald de Carvalho no sisudo teatro, cujas estrofes incomuns caçoavam dos "olimpianos" como Olavo Bilac e Coelho Neto, consagrados pelo grande público:

O meu verso é bom
Frumento sem joio
Faço rimas com
Consoantes de apoio.
Vai por cinqüenta anos
Que lhes dei a norma:
Reduzi sem danos
A formas a forma.
Clame a saparia
Em críticas céticas:
Não há mais poesia
Mas há artes poéticas...

O espaço salpicado de signos da modernidade representados pelas antenas, elevadores, locomotivas, bondes, aviões, hélices e pára-quedas, receberá um traço distintivo quando Oswald de Andrade tropicaliza o cenário urbano dos anos 20 no poema *Atelier*: "Arranha-céus/Fordes/Viadutos/Um cheiro de café/No silêncio emoldurado". Em outras palavras, era preciso uma arte que desvendasse a fragmentação dos sentidos exacerbados pelas inovações tecnológicas que iam alterando a fisionomia das cidades. Tal desejo compulsivo da negação do passado estava ligado aos modernos modos de produção, às formas de consumo e à ideologia progressista legada pela revolução industrial.

Como bem frisou Oswald de Andrade no *Jornal do Comércio* de 8 de fevereiro de 1922, o mundo atravessava uma fase de profundas transformações que demandavam um tipo de arte espelhada no desconstrutivismo de Picasso. O século do cinema, do telégrafo sem fio, das travessias aéreas intercontinentais exigia uma outra maneira de expressão estética, ainda que eivada de absurdos aparentes, às vezes chocantes, outras brutais, mas portadora de promessas de renovação.

O ideário modernista lançado ainda em 1922, sintomaticamente, adotou o nome *Klaxon*, que significa buzina em francês. Pretendendo-se estridente e iconoclasta, trazia o legado dos manifestos que surgiram pela América Latina, onde outras falanges *avant-garde* organizaram-se em torno de revistas, atos públicos e panfletos escandalosos para firmar a vontade do novo. Entre cariocas e paulistas, estes teriam sido os mais radicais.

"Com o exagero natural dos cristãos-novos, romperam com todos os tabus desabusada e corajosamente. (...) Seus impulsos, até então represados, foram o ar comprimido impulsionando a broca com que derruiram todas as barbacans do passado. (...) Mas, como toda revolução, teve excessos. Desarrazoados excessos. No Rio, ao contrário, a marcha, mais lenta, foi segura e certa, porque traçada com sinceridade total." (ARAÚJO, 1958: 10.)

De fato, embora lançando inúmeros processos e idéias novas, a Semana de 22 foi essencialmente destruidora. Iconoclasta como a maioría dos movimentos de vangurada, ela pretendeu assumir o ânimo nacionalista do pós-guerra. Pregando o resgate de uma cultura nativa autêntica, os modernistas oscilaram entre a admiração pela vanguarda parisiense e o repúdio aos preceitos francófilos responsáveis pelo academicismo vigente. Ora partiam em defesa da internacionalização – ao difundir as doutrinas em voga no Velho Continente, na tentativa de acertar o relógio com o passo do progresso de ultramar –, ora lutavam pela brasileirização da criação plástica e literária.

Autor de *Espelho de Ariel*, de 1922, Ronald de Carvalho procurava firmar a soberania do país para integrá-lo na civilização latino-americana, gerada em nossa carne e fruto do nosso sangue. Recusando-se a aceitar o produto das enxertias que, em sua opinião, infectava a produção artística tropical, aconselhava a não temer que os chamassem de bárbaros. Deveriam antes amar sua barbárie, da qual os europeus não podiam mais prescindir. Entretanto, na promoção culta da barbárie, paradoxalmente, foi decisiva a influênia do surto primitivista que contagiou Paris no começo do século 20, como no caso da estatuária africana, apropriada pela escultura cubista.

Provocando uma implosão da modernidade criada no bojo do projeto literário tradicional e substituindo-o pela importação das vanguardas, os modernistas selaram uma união com o progresso que se processava fora de nossas fronteiras. Dizendo-se nacionalistas, estavam também – e tardiamente, diga-se de passagem – embarcando na voga que assolou a Europa por ocasião do *Manifesto futurista* de 1909, lançado na primeira página do *Le Figaro.* E como as conquistas tecnológicas do pós-guerra encurtavam as distâncias, agora era possível imitar a França sem o atraso de outrora...

Com esse pano de fundo, a cruzada do diplomata e poeta Ronald de Carvalho e dos modernistas em geral coloca a nu sua perspectiva ingênua. Ela faz supor que a imitação seja evitável e impede que se enxergue a interpenetração dos elementos culturais. A idéia da objeção aos estrangeirismos torna-se ainda mais controversa se levarmos em conta a composição populacional de São Paulo à época, com um significativo contingente de imigrantes. Em 1920, no *Correio Paulistano* Menotti del Picchia comentava como era difícil apreender o real sentido dos termos nacionalismo e brasileiros, pois se consideravam patriotas prontos a morrer pela terra todos os filhos de estrangeiros aqui nascidos. E acrescentava que não eram poucos. Naquele ano, pelo menos dois terços dos seus quase 600 mil habitantes constituíam-se de outras nacionalidades.

Por isso tudo, Yan de Almeida Prado afirmou que a Semana não teve maior relevância na ocasião, cuja exaltação, destinada a beneficiar diretamente os interessados, começou bem depois.

Passou quase esquecida em 1942, no 20º aniversário, bem como em 1952, sendo que só em 1972, com o amparo oficialesco, seria então celebrada, conforme ele deporia ao *D. O. Leitura* de 13 de outubro de 1994: "Foi, como disse, um sarau burguês, que proclamou irreverências de salão, divertindo uma sociedade sem distrações. Tampouco a Semana tem a ver com o nacionalismo ou a identidade nacional. Antes dela já existiam Castro Alves, Gonçalves Dias, José de Alencar, Alberto Nepomuceno, Almeida Júnior... Não se preocupou também com a nossa herança artística e cultura."

Enfim, naquele momento heróico, como um impulso primitivo de deboche e rebeldia, os rapazes futuristas não atinavam ao certo se faziam blague ou se encenavam uma profunda revolução no campo das artes plásticas, da música e da literatura. "A confusão reinava. Ninguém sabia ao certo o que era ser moderno. Esse conceito vinha se propondo através das mutações do século. Mas nossas forças, abafadas pelo servilismo colonial, procuravam dele se libertar" (ANDRADE, Oswald, 1992: 120).

Balanço final

Após aquela aglomeração de horrores no hall do Teatro Municipal, como a ela referiu-se Graça Aranha na sua conferência de abertura em 13 de fevereiro, concomitantemente às três noitadas caóticas e barulhentas no palco, os modernistas saíram do anonimato. Agora não bastava mais apenas negar o passado, demolir certezas estéticas e desafiar o bom-mocismo do gosto burguês. O ideário modernista precisava erguer as bases de uma estratégia cultural. A resposta a essa fase de reflexão, esclarecimento e construção viria com a revista *Klaxon*, surgida no rastro da Semana de 22.

Proclamando-se "klaxistas", em oposição ao epíteto de futuristas, o corpo editorial da publicação queria mostrar, em artigos, poemas, comentários, críticas de arte e anúncios *avant-garde* como os *réclames* do chocolate Lacta e do Guaraná Espumante, sua sintonia com o mundo em franco processo de modernização: "*Klaxon* cogita principalmente de arte. Mas quer representar a época de 1920 em diante. Por isso é polimorfo, onipresente, inquieto, cômico, irritante, contraditório, invejado, insultado, feliz", anunciava em 15 de maio na sua primeira edição.

Fruto do esforço conjunto de uma coletividade intelectual, não mantinha um corpo de redação fixo, embora coubesse a Rubens Borba de Morais da parte burocrática à articulação entre seus diversos colaboradores. Mário de Andrade atendia pela direção da turma que se reunia no escritório de Tácito de Almeida e Antônio Carlos Couto de Barros, à Rua Direita. "Aí nos encontrávamos, imaginávamos, escrevíamos, desenhávamos, resolvíamos tudo, amistosa e alegrissimamente sempre", recordou Guilherme de Almeida em *O Estado de S. Paulo* de 10 de fevereiro de 1968. Contava com representantes no Rio de Janeiro, na Bélgica, França e Suíça, além do Recife, onde Joaquim Inojosa encarregava-se da divulgação da revista, cujas despesas eram divididas entre os membros da confraria klaxista. A falta de uma equipe que tocasse profissionalmente o mensário acabaria condenando-o ao desaparecimento precoce. Com precária venda avulsa e quase nenhuma assinatura, *Klaxon* apareceu regularmente no dia 15 de cada mês, até outubro de 1922, mas encerrou a carreira no número duplo datado de dezembro de 1922 e janeiro de 1923. Apesar de tirar menos de mil exemplares, não passou despercebida, repercutindo no circuito culto do Rio de Janeiro, Minas Gerais, Rio Grande do Sul e Pernambuco, e deixando sua marca na produção editorial que se seguiu.

Incorporando a linguagem direta e agressiva dos manifestos, trazendo cartas abertas e expondo as inevitáveis polêmicas internas, *Klaxon* e suas similares constituíram o mais eficaz instrumento de divulgação do modernismo. Na sua esteira surgiriam as cariocas *Estética* (1924 a 1925) e *Festa, Revista de Arte e Pensamento* (1927 a 1929 e 1934 a 1935), *A Revista*, de Belo Horizonte (1925 a 1926) e *Leite Criôlo* (1929), suplemento de *O Estado de Minas*, *Maracajá* (1929), de Fortaleza, além de *Arco & Flexa* (1928 a 1929), de Salvador.

A lista das publicações paulistas do gênero ainda incluiria *Terra Roxa e Outras Terras* (1926), a *Revista de Antropofagia* (1928 a 1929), finalizando com *A Revista Nova* e *O Homem do Povo*, ambas de 1931. À frente das obras literárias propriamente ditas, abriam suas seções a autores impertinentes, chocantes e obscuros demais para ser aceitos nas revistas de grande circulação, propiciando um espaço para a ficção, poesia e crítica de valor literário, mas sem apelo popular. Estimulando a experimentação lingüística e gráfica, tinham como alvo intelectuais e formadores de opinião – os chamados consumidores das esferas de bens restritos, que criam padrões culturais e arregimentam públicos específicos (BOURDIEU, 1974: 105).

A fragilidade de *Klaxon*, que pouco durou, fez com que o grupo apelasse também a outros meios para disseminar os frutos modernistas. Por isso seus principais atores não se esquivavam de escrever para publicações de outros estados, além de proferir conferências e recitais pelo Brasil afora. Mário de Andrade esteve em Minas Gerais em 1924 e depois realizou um périplo pelo Norte até a Amazônia em companhia de dona Olívia Guedes Penteado, enquanto Guilherme de Almeida viajaria ao Sul e ao Nordeste. "E vivemos uns oito anos, até perto de 1930, na maior orgia intelectual da história artística do país", confessaria Mário de Andrade, um dos mentores do grupo que, além da Villa Kyrial de Freitas Valle, freqüentava a *garçonnière* de Oswald de Andrade e o endereço do próprio Mário, na Rua Lopes Chaves. Ali, às terças-feiras à noite, as discussões ocorriam num clima de tanta erudição que era proibido falar mal da vida alheia. "Sob o ponto de vista intelectual, foi o mais útil dos salões, se é que se pode chamar salão aquilo", deporia o anfitrião (ANDRADE, 1974: 239).

Para enriquecer o contexto cultural pós-semana, foi de enorme importância a chegada de Tarsila do Amaral, que aportou no Rio de Janeiro em 27 de junho de 1922, trazendo consigo os mais recentes modismos estéticos parisienses. Parodiando o

Grupo dos Seis, dos jovens compositores franceses liderados por Darius Milhaud, Tarsila começou a reunir no seu ateliê da Rua Vitória as figuras de Mário e Oswald de Andrade, Anita e Menotti del Picchia que, junto com ela, constituíram o Grupo dos Cinco. Este, não raro incluía Graça Aranha, o poeta lusitano Antônio Ferro e sua mulher Fernanda de Castro, além de Joaquim Inojosa e de Freitas Valle, cuja Villa Kyrial, de viés afrancesado, ainda atraía os modernistas. Foram eles que a conveceram a adotar orientação mais moderna quando partiu em dezembro daquele ano de novo rumo à França, onde estudaria com Lhote, Léger e Gleizes, deixando-se cativar pelas "paisagens animadas" do segundo. Cerca de um mês depois, Oswald de Andrade a seguiria, dissolvendo o Grupo dos Cinco.

Em 1924, Anita Malfatti receberia uma bolsa do Pensionato Artístico, comandado por Freitas Valle. Com João Souza Lima, Di Cavalcanti e Villa-Lobos, ela formou em Paris um consulado informal sob os auspícios do embaixador Souza Dantas, cujas célebres recepções eram noticiadas em artigos enviados de lá por Sérgio Milliet. Anita participa da inauguração da Maison de L'Amérique Latine com Tarsila e Brecheret, que, no Salão do Outono, teve selecionada sua escultra *Mise au Tombeau*. A exemplo de Vicente do Rego Monteiro, os modernos ou acadêmicos como Túlio Mugnaini enviavam obras para os salões de arte da capital francesa. Por meio de Paulo Prado e de Olívia Guedes Penteado, conheceriam a vanguarda européia, assistiriam a espetáculos, aos balés russos e às conferências na Sorbonne. É quando Tarsila e Oswald regressam, acompanhados do poeta franco-suíço Blaise

Cendrars, que se tornou um forte catalisador para os jovens com quem compartilharia a pesquisa da brasilidade, sobretudo para Tarsila, cuja trajetória acompanhava de perto.

Curiosamente, um elemento estrangeiro contribuiria para a consolidação de um movimento artístico e literário que se queria autenticamente nacional. Junto com Mário de Andrade, Olívia Penteado, Tarsila, Goffredo da Silva Telles, René Thiollier e o mecenas Paulo Prado, seu patrocinador, Cendrars excursionará pelas cidades históricas mineiras, apontando caminhos e sugerindo opções. A "descoberta" do Brasil pelos modernistas seria aprofundada por Manuel Bandeira em visita ao Norte em 1927, ocasião em que Mário de Andrade redigiria *Macunaíma, o Herói sem Nenhum Caráter*, após excursão "etnográfica" pela mesma área. Foi pelo conselho de Cendrars que Tarsila adiou a mostra com desenhos das viagens ao Rio e Minas Gerais, até completar 12 quadros. Inaugurada em junho de 1926, na galeria parisiense Percier, fez sucesso comentado em carta enviada a Mário de Andrade por Anita Malfatti: "Não gosto da *Cuca.*

Tarsila do Amaral com sua tela *Morro da Favela,* de 1924. (Acervo Iconographia/ Companhia da Memória)

Gosto muito do *Morro da Favela.* Di já fez aquilo mesmo em essência há anos, mas o de T. é infinitamente melhor. (...) Adorei os anjinhos mulatinhos e não gostei do auto-retrato, fraco". Criticava então as "coisas *à la* Leger" e as que lembravam o naif Henri Rousseau.

Igualmente em 1924, ano de efervescência para a roda de amigos, enquanto André Breton divulgava o surrealismo, Oswald de Andrade publicava no *Correio da Manhã* o *Manifesto da Poesia Pau-Brasil.* Sintetizando futurismo e primitivismo, realizava uma revisão cultural do país, com valorização do elemento autóctone. Escrito em prosa poética de frases curtas, antecipava a proposta da antropofagia, absorvendo as qualidades do inimigo forasteiro para fundi-las nas nacionais. Mais conhecido como *Manifesto Pau-Brasil,* defendia a idéia de que a poesia existe na singeleza dos fatos e, por isso, não abria mão da linguagem coloquial. O lirismo dos parnasianos, assim como o misticismo dos simbolistas seria radicalmente substituído pela experiência cotidiana no fazer poético:

Dê-me um cigarro
Diz a gramática
Do professor e do aluno
E do mulato sabido
Mas o bom negro e o bom branco
Da Nação brasileira
Dizem todos os dias
Deixa disso camarada
Me dá um cigarro.

Apesar dos experimentalismos vanguardistas no campo estético, os modernistas continuavam reverenciando o *status quo*. Oito dias depois de estampar seu libelo, Oswald discorria sobre os ambientes intelectuais de Paris, no quinto e último ciclo de conferências da Villa Kyrial, que encerrou com palestra de Freitas Valle sobre Alphonsus de Guimaraens no dia 17 de junho, antes de os tenentes rebeldes tomarem São Paulo, em 5 de julho.

A par das residências de Freitas Valle e Paulo Prado, onde Oswald de Andrade leu em primeira mão seu romance *Serafim Ponte Grande*, publicado apenas em 1933, a *intelligentsia* paulistana contava com o salão de dona Olívia, que vinha recebendo desde a Primeira Guerra, quando fora obrigada a retornar da Europa. Sua ligação com os modernistas estreitou-se em fins de 1923, início de 1924, ocasião em que voltou a Paris para desfazer-se do apartamento na Avenida Foch, entrando em contato com Tarsila do Amaral, Oswald de Andrade, Sérgio Milliet, Victor Brecheret, Di Cavalcanti e Villa-Lobos. Reviu ainda Anita Malfatti, a quem fora apresentada na Villa Kyrial. Como Brecheret, a pintora gozava de bolsa do Pensionato Artístico. Seria esse *petit comité* que dona Olívia, instalada em São Paulo, começaria a receber na esquina da Rua Conselheiro Nébias com a Duque de Caxias. Para exibir as obras da vanguarda francesa sem que um Picasso ou um Picabia entrasse em conflito com as antiguidades do solar, criou um recinto decorado por Lasar Segall no fundo do jardim para ampliar a coleção e receber os modernistas num cenário esteticamente mais apropriado.

Tarsila e Oswald casam-se em 30 de outubro de 1926 e, nos intervalos entre viagens ao exterior e estadas na Fazenda Santa Teresa do Alto, abriram as portas da Rua Barão de Piracicaba, 44, em que passaram a residir. Convidavam não só os modernistas, como jornalistas, estrangeiros ilustres em visita a São Paulo e personalidades da cena política. No casarão mobiliado com peças arrojadas trazidas de fora, sobressaía uma Torre Eiffel pintada por Delaunay.

Os componentes do grupo alegre e otimista do início, que se completavam nas suas diferenças, foram-se distanciando. Em fins de 1926, Mário de Andrade ainda se referiu a um chá de dona Olívia, ao qual compareceu só para contar que Anita tinha vendido um quadro ao governo francês. Paulo Prado tornou-se o patriarca da sua família e teve a casa invadida por um público "da alta", que não podia compartilhar os mesmos assuntos de outrora. Como a conversa "se manchava" de pôquer, casos de sociedade, corridas de cavalo e dinheiro, os intelectuais, vencidos, foram se "arretirando", lembraria Mário (ANDRADE, 1974: 239), que em dezembro de 1927 relatou a Anita a dispersão geral. "Creio que a coisa vai esfriar inda mais", ponderou, prevendo que logo mais Tarsila e Oswald partiriam de novo para o estrangeiro, bem como dona Olívia. Paulo Prado vivia no Rio de Janeiro e hospedava Blaise Cendrars, em outra visita demorada ao país, enquanto finalizava *Retrato do Brasil*, que publicaria no ano seguinte. "Talvez seja até milhor para mim que não careço de incentivo de ninguém pra trabalhar e que assim livre da festança em que a gente vive tenha mais tempo e mais sossego" (BATISTA, 1989: 125; 136), concluía Mário.

Quando Anita Malfatti regressou à Paulicéia, em 1928, findo o estágio na Europa como pensionista do Estado, a maioria dos artistas de sua roda havia consolidado as respectivas carreiras. Se antes buscavam delinear o campo intelectual e construir uma espécie de filosofia estética, agora polemizavam entre si. Os grupos antagônicos Pau-brasil e Verde-amarelo já cediam lugar aos nascentes Antropofagia e Anta, que contava com a adesão de Menotti del Picchia e Plínio Salgado. A unidade guerreira desfez-se. "Só com o vendaval político-econômico de 30 se definiram posições ideológicas. O sr. Plínio Salgado que ficara nos camarins da Semana, fundou o Integralismo. O grupo chefiado pelo sr. Mário de Andrade, através do Diário Nacional, foi para a liberal democracia e para a revolução paulista de 1932. Os srs. Cassiano Ricardo e Menotti Del Picchia encaminharam-se para a cooperação pública com o sr. Getúlio Vargas. E o grupo restante mais numeroso, de que eu fazia parte junto com Di Cavalcanti, Pagu, Osvaldo Costa, Geraldo Ferraz, Jaime Adour da Câmara e Tarsila, dirigiu-se para o marxismo e para a cadeia" (ANDRADE, Oswald, 1996: 330).

Essas ambigüidades, aliadas à ausência de uma filosofia, de uma doutrina comum a unir seus participantes, que não ansiavam pelas reformas no mesmo grau, nem do mesmo jeito, contradizendo-se e entrando em conflito, sufocaram a potência subversiva do movimento. O barco que transportava o ideário selado nas páginas de *Klaxon* adernou pelo peso das veleidades pessoais dos tripulantes. Os planos de reação e renovação ficaram num deixa-estar ou acomodaram-se em variantes cosmopolitas. A experiência brasileira do grupo perdeu o significado do início. Nada mais natural, portanto, que a trajetória dos vanguardistas passasse, após 1930, pelo engajamento nos programas culturais do governo Vargas. Participando da máquina de Estado, manteve a linguagem do poder e proclamou sua vocação para elite dirigente.

O próprio Mário de Andrade, aliás, em crônica no *Diário Nacional*, em 10 de abril de 1932, afirmava que com o modernismo alteraram-se as maneiras de versejar, espevitara-se o jeito de dizer, enfeitando-se a nossa escrita de brasileirismos vocabulares: "grande mudança!". Em 1944, admitiu o engano de quem "combateu lençóis superficiais de fantasmas", no livro *Testamento de Uma Geração*, organizado por Edgard Cavalheiro: "Deveríamos ter inundado a caducidade utilitária do nosso discurso, de maior angústia do tempo, de maior revolta contra a vida como está. Em vez: fomos quebrar vidros de janelas, discutir modas de passeio, ou cutucar os valores eternos, ou saciar nossa curiosidade de cultura."

Nesse sentido, Florestan Fernandes acusou os modernistas de ficar aquém do papel que lhes cabia – o de críticos da sociedade. Mais do que qualquer outro grupo posterior, este cedeu quando deveria se opor, sucumbindo a uma condição a que não logrou renunciar. Para Florestan, foram vítimas de um momento de transição, em que a insatisfação com o passado não engendrou o futuro pelo qual se deveria lutar (FERNANDES, 1978: 34-60).

Vincada por uma ambigüidade que jamais superou, a Semana de 22, com seu ideário iconoclasta, alcançaria na antropofagia uma das respostas mais lúcidas e criativas para a questão de como assimilar o estrangeiro sem cair na mera imitação nem se tornar vítima do modelo importado. O admirável *Tupi or not Tupi* de Oswald de Andrade – mestre incomparável das fórmulas lapidares, nas palavras de Antonio Candido – resume o processo de decidida incorporação da herança total do país na estilização erudita da literatura. Sob esse ponto de vista, as instituições da antropofagia representam o momento mais denso da dialética modernista. Conjugando o léxico das vanguardas européias com a pujança das tradições populares, alcançaram o desejável equilíbrio entre enraizamento nacional e pertencimento universal. Ou seja, de certa forma cumpriram o vaticínio de Oswald de Andrade, de que o tempo se encarregaria de tornar os modernos clássicos ou de destruí-los, para então concluir que eles seriam os clássicos do futuro. "A vitória do Modernismo é indiscutível, como o triunfo do telefone, do avião, do automóvel" (ANDRADE, Oswald, 1990: 38).

RELATOS

Notícias sobre um Festival Futurista

Realizada em pleno período pré-carnavalesco e durante as comemorações do centenário da Independência, que despertava o sentimento cívico geral, a Semana de 22 não contou com a simpatia dos jornalistas como um todo. No meio cultural conservador da Cafelândia, a imprensa dividiu-se entre apoiadores que idealizavam os "semideuses futuristas" e os que condenavam com absoluta convicção o circuito empolgado por "um capricho passageiro". Os textos demolidores da *Folha da Noite*, quase sempre na capa, só foram piores do que a indiferença de revistas do porte e do alcance das cariocas *Fon-Fon* e *O Malho*, além da *Revista do Brasil*, que se abriu aos modernistas apenas quando o movimento já estava devidamente consagrado. No mesmo diapasão, *O Estado de S. Paulo* agiu com secura e distanciamento, entremeando ao noticiário piadas ingênuas ridicularizando os modernistas: "Precisa-se de um moço honesto que saiba fazer versos futuristas. Exige-se um atestado de ignorância" (BOAVENTURA, 2000: 19).

De qualquer modo, é importante ressaltar que, no período anterior ao festival, os jornais ainda não haviam tomado partido, noticiando o festival como mais uma prova do desenvolvimento do estado e sua importância crescente no cenário cultural brasileiro. *O Correio Paulistano* de 29 de janeiro de 1922 registrava: "Diversos intelectuais de São Paulo e do Rio, devido à iniciativa do escritor Graça Aranha, resolveram organizar uma Semana de Arte Moderna, dando ao nosso público a perfeita demonstração do que há em nosso meio em escultura, pintura, arquitetura, música e literatura sob o ponto de vista rigorosamente atual."

A Gazeta de 3 de fevereiro, por sua vez, imprimia na primeira página: "A Semana de Arte Moderna, a realizar-se proximamente no Teatro Municipal, vem agitando de tal forma o nosso meio artístico e intelectual que se conservar alheio a esse movimento seria das provas de um parti pris que não se coaduna absolutamente com o grau de progresso e que atingiu a imprensa moderna."

A Gazeta anunciava a colaboração periódica de Mário de Andrade para enriquecer o debate com o jornalista Cândido, pseudônimo de Galeão Coutinho, que já vinha tecendo considerações a respeito do futurismo no periódico, para finalizar anunciando a grande procura de bilhetes no Automóvel Clube. Enquanto isso, Oswald de Andrade, no *Jornal do Comércio* de 12 de fevereiro, agrediu ferozmente alguns nomes reverenciados no país e fora dele: "Carlos Gomes é horrível. Todos nós o sentimos desde pequeninos. Mas como se trata de uma glória da família, engolimos a cantarolice toda do Guarani e do Schiavo, inexpressiva, postiça, nefanda. E quando nos falam no absorvente gênio de Campinas, temos um sorriso de alçapão assim como quem diz: É verdade! Antes não tivesse escrito nada... Um talento!"

Por outro lado, Oswald considerava Villa-Lobos um filho comovido do seu tempo. "Faz a ofensiva musical dos renovamentos com os Seis da França", disse ele, referindo-se ao grupo formado pelos compositores Auric, Durey, Honegger, Poulenc, Teilleferre e Darius Milhaud. E, voltando ao tema recorrente, concluía que a São Paulo dos prodígios, herdeira das migrações e das entradas iria ouvi-lo e aceitá-lo. "O nosso velho e caduco ambiente de musicalidade decadista e convencional estalará ao peso da mão genial do compositor de *Kankukus* e *Kankikis*". A Semana de 22, segundo ele, mostraria como tais espíritos de vanguarda desdobravam-se em guias de um movimento tão sério e profundo que poderia educar o Brasil e curá-lo do atávico analfabetismo letrado.

A provocação oswaldiana suscitaria, na edição de 13 de fevereiro no mesmo jornal, a ponderação de que, se os demais conferencistas seguissem naquela toada, não seria surpresa se algum declarasse algo do tipo: "Nunca tivemos poetas no rigor do termo. Castro Alves não sabia gramática, na opinião autorizada do Sr. Amadeu Amaral; Fagundes Varela era um bêbado. Gonçalves Dias, um mulato insigne em quebrar versos. Quem é poeta mesmo, inspirado e cintilante, é o Sr. Ronald de Carvalho, a quem o público faz a suprema injustiça de não conhecer, nem sequer de nome..."

Tachando de louvável a iniciativa dos moços futuristas, o *Deutsche Zeitung* de 13 de fevereiro destacava a adesão de Wilhelm

Haarberg, um alemão cuja capacidade já havia sido citada em edições anteriores. Um dia depois continuava recomendando uma visita à mostra artística que se ocupava, "ainda que um pouco superficialmente", com as correntes artísticas contemporâneas, dando aos paulistanos a oportunidade de entrar em contato com o expressionismo.

Aos vencedores, as batatas...

Como se viu, Oswald de Andrade atraiu sobre o movimento a ira geral e suscitou a debandada de muita gente que havia aderido à festa, quando, às vésperas da abertura, fez suas provocações. Tal estratégia de ataque à tradição, harmonicamente defendida pelos modernistas, acirrou os ânimos, tornando-se o mote de toda a crítica contrária (BOAVENTURA, 2000: 23). Não ficaram por aí as diabruras oswaldianas. Correu na época o boato, por ele jamais desmentido, de que chegou a contratar estudantes do Largo São Francisco para puxar o coro do contra, afinal convertido em chuva de legumes. "O direito de vaia e de pateada é reconhecido em todos os países civilizados. Será que não há mais batatas nesta terra?", ironizou *O Estado de S. Paulo* de 17 de fevereiro de 1922.

Também é consenso que muitos escritores de projeção, a maioria colaboradora na imprensa, sentiam-se ameaçados pelo controle do evento nas mãos de poucos iluminados. Eles achavam que dois ou três "pastores de um rebanho de lobos" não tinham direito de chefiar um movimento de homens livres. Plínio

Salgado é um dos exemplos de quem, havendo aplaudido a idéia, preferiu não se compromoter, enviando um recado público em artigo de 20 de fevereiro em *A Gazeta*, no qual pedia à brilhante plêiade "licença para pensar sozinho".

Se o objetivo era chamar a atenção, a tática surtiu efeito. "Caíram como araras. Gritaram. Insultaram-nos. Vaiaram-nos. Mas o público já está acostumado com descomposturas: não leva a sério. O que fica é o nome e um sentimento de simpatia que não se apagam mais da memória do leitor", explicaria Mário de Andrade numa carta a Menotti del Picchia, que a publicou em 23 de fevereiro no *Correio Paulistano*, tribuna preciosa para a divulgação e valorização das idéias modernistas. Assim, graças à brilhante jogada de marketing de Oswald, a parcela da imprensa até então indiferente viu-se obrigada a comentar, nem que fosse para maldizer.

Artigos brotaram às pressas em jornais e revistas ilustradas. Antes disso, ainda em 15 de fevereiro de 1922, *Talentos Desvairados*, estampado em *A Cigarra*, dava a medida da descrença irônica em torno do que definia como o acontecimento mais interessante daqueles últimos tempos, com a participação de pessoas de grande responsabilidade no meio artístico. "O êxito, encarado ele sob o ponto de vista futurista, que é absolutamente oposto ao ponto de vista de todos, foi completo, isto é, foi um fracasso". E alfinetava: "Os artistas da nova escola, que se reuniram em conclave para impor à população da cidade a sua nova estética e que acabam de publicá-la, em três espetáculos sensacionais, revelando-a sob todos os seus aspectos, devem estar, e estão de fato, satisfeitíssimos. O insucesso para eles consistiria no aplauso, no silêncio que se recolhe para gozar a ação, no comentário apaixonado ao terminar cada número da programação e nas palmas ruidosas e frenéticas."

Enfatizava que para os bravos rapazes "futuristas, cubistas, dadaístas e bolchevistas" que acabavam de escandalizar a sociedade, as vaias representavam os verdadeiros louros, e aludia à dificuldade em apreciar os quadros modernos. "O êxito da escola está também nisso. Segundo ela, a vida reside menos na tela que no indivíduo que a contempla: este tem, pela tensão da vontade, de imaginar o assunto, de que a tela lhe forma apenas vagos elementos de ideação." Nesse sentido, prosseguia a revista, o quadro menos futurista seria *O Homem Amarelo*, de Anita Malfatti, pela simples razão de ser realmente daquela cor...

O Homem Amarelo, óleo de Anita Malfatti, 1915/1916. (Coleção Mário de Andrade, IEB - USP)

Aprofundando ainda mais o sarcasmo, em 17 daquele mês, o *Jornal do Comércio* já avisava que a Semana futurista terminaria nas páginas policiais: "O açougueiro Silverio Felitti de 20 anos, solteiro, morador à rua 13 de Maio, no 26, andava cansado desta vida e resolveu passar para outra. Primeiramente tentou assistir ao sarau futurista de anteontem no Municipal... Foi pior, ficou de tal forma apalermado que passou a noite toda andando pela cidade e ontem, chegando a sua casa, ingeriu forte dosagem de mercúrio."

Tais comentários não eram de todo descabidos, já que Graça Aranha em pessoa, na conferência inaugural proferida em 13 de fevereiro de 1922, admitiu que, para muitos, a inusitada exposição pareceria um suplício, embora advertisse: "O que hoje fixamos não é o renascer de uma arte que não existe. É o próprio comovente nascimento da arte no Brasil, e como não temos felizmente a pérfida sombra do passado para matar a imaginação, tudo promete uma admirável "florada" artística. E, libertos de todas as restrições, realizaremos a arte do Universo."

Cândido, redator-chefe de *A Gazeta*, tornou-se um dos críticos mais consistentes e imparciais do festival, salientando a extravagância e a originalidade do futurismo, mas também expondo seus pontos fracos e incongruências. O jornal que dirigia abriu o palanque das discussões no dia 3 de fevereiro, sexta-feira, passando a publicar uma coluna quase diária, sob a epígrafe *Notas de Arte*, dividida em "pró" e "contra" – na realidade um debate quase amistoso travado entre Mário de Andrade e Cândido, substituído por G. Muniz no dia 13. Como não circulava aos domingos, na segunda-feira, dia 6, estampou o comunicado enviado pela comissão promotora da Semana, que Coutinho chamou de "os doze apóstolos", e, na quinta-feira, dia 9, uma nota a respeito da chegada de Graça Aranha.

No cômputo geral, *A Gazeta* levou vantagem sobre os concorrentes, pois sendo vespertino, podia fazer a cobertura de cada noitada e, na tarde seguinte, divulgar as impressões frescas à frente do restante da imprensa. Sexta-feira, por exemplo, às vésperas da última noite, noticiou as vaias no bem-humorado artigo de Oliveira Castro que, por intermédio de um cavalheiro fictício "sabido em artes e canonizado em estética, com os dedos metidos na cava do colete e o chapéu no alto do cocoruto", conjeturava: "O postulado dessa turba é inverter a ordem de tudo e, de varapau às costas, malhar sobre os outros que tiveram a fortuna de ser artistas de verdade", e prosseguia: "Quando se vai em público tocar, representar, falar, cantar e o agrado das platéias se manifesta com palmas retumbantes, houve em realidade, um sucesso do artista. Mas, quando em lugar dessa manifestação, rebenta uma vaia tonitroante, todo mundo diz que o homem foi pateado. Aconteceu isso com o futurismo. Recebeu a consagração da vaia. Porém, como essa escola tudo aleija, tudo deturpa e tudo interpreta a seu modo, certamente os seus artistas se julgarão vitoriosos, exclamando: – Palmas é coisa velha! Vaia é que é aplauso! Assim pregou Marinetti..."

Dois artistas representados na Semana receberam igualmente seu quinhão de sátira. A própria *Gazeta* de 22 de fevereiro defendia que Victor Brecheret, tido como "genial", apenas apossara-se das técnicas de Nicola Rollo, o escultor italiano imigrado para o Brasil, responsável pela decoração do Palácio das Indústrias na capital paulista. "Como se vê, o sr. Brecheret, um dos "grandes artistas" da Semana Moderna, pode ir pregar originalidade a outras terras, pois os seus dois chefes de obra apenas o recomendam como um estéril plagiador que copiou servilmente Attilio

Serva, talvez pior do que fariam alguns marmoristas, e como um imitador impotente, que arremedou secamente o sr. Rollo, sem a poussée genial que se nota nas obras deste."

Sobre a pintora de *O Homem Amarelo*, o autor do artigo de *A Gazeta* de 22 de fevereiro – que assinava sob o pseudônimo de Pauci Vero Electi – dizia: "Como se tem visto, a senhorita Malfatti desconhece por completo harmonia, cor e perspectiva, conseqüências lógicas do desenho, cujos enigmas só agora está tentando decifrar!", e concluía: "Depois de estudar na Alemanha, na Escandinávia e na rua Jaguaribe, a sua alma sôfrega e insatisfeita vira-se para o futuro, volta as costas ao passado e joga desenfreadamente no moderno!".

Os colegas da pintora não receberiam referências mais generosas, pelo contrário: "Aboletou-se ele e mais seus sócios e sócias em sítio adequado, onde as libações no bar propínquo lhe escaldarão devidamente as cacholas para maiores burradas futuras. O arlequim menino, o folião da cor, um títere da arte, é o Sr. Di Cavalcanti, que por ser de fato um molecote ainda em cueiros, é quase irresponsável pelos atentados burlescos que pratica, pois nunca aprendeu nada em sua vida: desenho, cor, porporções, perspectiva são para ele verdadeiros logogrifos. Enquanto não os resolve, vai pacificamente masturbando telas abracadabrantes, dolorosos produtos de um onanismo cerebral desenfreado, próprio da idade, infelizmente, e que só com a idade passará. A sua obra não merece ser considerada. É um menino vicioso, que faz coisas feias pelos cantos da arte, de onde será enxotado a correiadas".

Para os poetas e escritores, sobrou menosprezo e ofensa direta do dito Pauci Vero Electi, na já mencionada matéria da *Gazeta* de 22 de fevereiro, página 5: "Amanhã ou depois lhes indicarei as fontes Castilias onde os Del Picchias, os Guilhermes, os Osvaldos, os Ronais Carvalhos, os Graça Aranha vão beber, vão tomar as suas carraspanas de gênio, que depois vomitam sobre as turbas como produtos autênticos e originais, destilados das próprias circunvoluções cerebrais."

A música de Villa-Lobos tampouco escapou à fúria da imprensa. O *Jornal do Comércio* de 22 de fevereiro, em ácido comentário de Oscar Guanabarino, taxava o compositor de "talento ainda não cultivado bastante" no artigo em que dizia: "Tínhamos tido notícia da organização de uma embaixada de arte moderna destinada a explorar o provincialismo paulista. Não ligaremos importância alguma a esse agrupamento que merece a denominação de mambembe, visto não existir no seu seio o menor vislumbre de autoridade artística; mas esses representantes de uma coisa que não existe no Rio de Janeiro foram à capital do Estado de São Paulo como vanguarda de uma nova religião em excursões propagandistas, com intuito de ligar as duas capitais pelos laços das mesmas orientações que se implantam no Distrito Federal. Vimos, no entanto, que os paulistas tomaram a sério essa embaixada como expressão de uma arte já enraizada entre nós, quando tudo isso não passa de uma patacoada procurando imitar um grupo de desiquilibrados que, capitaneados por Mallarmé em Paris, criavam a escola do absurdo com a pretensão de desbancar a arte que vem sendo aperfeiçoada através dos séculos."

Em seguida, para comprovar seu ponto de vista, Guanabarino reproduziu carta aberta de Guiomar Novais à comissão da Semana, protestando contra o cunho "bastante exclusivista e intolerante" do sarau para com as correntes das quais se confessava intérprete e admiradora. "Senti-me sinceramente contristada com a pública exibição de peças satíricas, alusivas à música de Chopin", reclamava, para ressalvar: "Admiro e respeito todas as grandes manifestações de arte, independentemente das escolas a que elas se filiem, e é de acordo com esse meu modo de pensar que acedendo ao convite que me foi feito, tomarei parte num dos festivais da Semana de Arte Moderna" (BOAVENTURA, 2000: 257).

No saguão do Municipal, Menotti del Picchia saúda Guiomar Novais em 1922. (Acervo Iconographia/Companhia da Memória)

E, voltando a Villa-Lobos, Guanabarino, ainda no *Jornal do Comércio* de 22 de fevereiro, afirmava que suas composições eram privadas de bom senso: "(...) das suas partituras, o que lhe falta em estudos de harmonia, o que lhe falece em inspiração, o que da música só se aproveita os elementos som e ritmo, de modo que, no seu poema sinfônico *A Guerra*, conseguiu belos feitos imitativos, grandeza onomatopaica e rajadas descritivas no terreno da confusão, do alarido, da gritaria, da guerra, enfim, nada mais tem produzido que mereça uma classificação entre os mestres." A melodia orquestrada por Villa-Lobos, "puramente africana" e destituída de harmonias, não resistiria à menor análise harmônica sem que o crítico o classificasse de "disparatado e absurdo". Ainda desconhecido do público por ocasião da Semana, o compositor receberia do governo federal a missão de representar o Brasil numa série de concertos na Europa, em dezembro daquele ano.

Cerrando fileiras com Guanabarino, Galvão Muniz e Mário Pinto Serva formaram entre os que mais pesadamente dispararam contra a trincheira modernista. O primeiro, na *Gazeta* de 13 de fevereiro, escreveu: "Andam por aí uns pisa-verdes, enlambuzados de sabença, a deitar chochas parvoiçadas a respeito de belas-letras, menosprezando o cabedal de cultura clássica e mareando a pureza do excelso idioma de Camões e Frei Luís de Sousa. Na algaravia com que malsinam os insignes mestres do passado, pretendem tais inovadores, destruindo aquilo que, com suado labor, nossos maiores edificaram, erguer às musas um templo cheio de absurdidades arquitetônicas, modelando altares que parecem prostíbulos, tal o luxo de arrebiques barrocos e voluptuários entalhes. O ouropel é pincelado com a desperdiciosa fereza sobre escanzeladas figuras talhadas em ruim matéria. (...) Não há negar: a literatura é o anacântico do valor de um povo. Qual povo, porém, qual nacionalidade, qual, diga-se, reunião de homens sensatos concederia sequer fosse pesada ou medida por tão demerecedora galiparla? Dou fé? Nenhum, Deus louvado!"

Mário Pinto Serva, por sua vez, publicou simultaneamente na *Folha da Noite* e em *A Cigarra* de 15 de fevereiro: "A questão do futurismo não é apenas um problema de estética, mas, dir-se-ia, deve ser estudada como fenômeno de patologia mental. As manifestações extravagantes do futurismo, em suas diferentes modalidades, originam-se de um verdadeiro estado mórbido de certos espíritos. A pressa de aparecer, o prurido de destaque a todo transe, o desejo incontido de chamar a atenção, sem estudo, sem trabalho paciente, desde logo, de afogadilho, a ingenuidade de certos espíritos desprovidos de qualquer preparo, o desiquilíbrio de alguns cérebros, o verdor da mocidade, tais são, entre outros, os principais móveis que determinaram o futurismo e caracterizaram os adeptos dessa escola. (...) Todas as artes são subvertidas e vítimas das contorções mais horrorosas. É o domínio da aberração. Cada um concebe na sua cachola um monstrengo qualquer e o impinge à humanidade como modelo de futurismo ou cubismo."

O triunfo da ousadia

Nesse contexto francamente desfavorável, apenas os periódicos das colônias italiana, francesa e alemã, como *Il Piccolo*, *Fanfulla*, *La Rivista Coloniale*, *Messager de São Paulo* e *Deutsche Zeitung*, contribuíram com artigos de análises equilibradas e livres das paixões dos prós e contras. Se críticas havia, eram comedidas e respeitosas. Esse foi o caso da *Rivista Coloniale* de 15 de fevereiro. Em suas páginas, Antônio Piccarolo, fundador do

Centro Socialista Paulistano, mentor e assíduo colaborador de *Avanti!*, órgão socialista e proletário, solidarizava-se com os jovens corajosos da Paulicéia: "Não poderia ser diferente. Nascido revolucionário o meu espírito sempre seguiu com simpatia tudo aquilo que tende para o moderno, que tende a atingir formas superiores e mais perfeitas tanto na ciência como na arte, tanto na vida como na política. Não poderia, pois, deixar de simpatizar por estes jovens que se esforçam em abrir à arte, ao pensamento brasileiro novos horizontes, para levá-lo a novas conquistas, sobretudo para torná-lo filho de si mesmo, obra de si mesmo, para dar-lhe caráter e fisionomia próprios, essencialmente, exclusivamente brasileiros. Considero esta a mais alta expressão do patriotismo, do nacionalismo e tanto estou convencido disto que a esta obra dei e estou dando a minha modesta, mas entusiasta, contribuição como jornalista e como educador".

Fazia, porém, uma ressalva à iconoclastia do movimento: "Reconhecer, abraçar, professar esta arte não significa destruir o passado. Significa simplesmente superá-lo. Mas para superá-lo é necessário estudá-lo e conhecê-lo, o que não se poderia fazer se o destruísse".

Já o trabalho de doutrinação pura e simples coube aos dois Andrades, Mário na *Gazeta* e Oswald no *Jornal do Comércio*, enquanto Menotti del Picchia fazia o oba-oba na *Crônica Social*, que mantinha no *Correio Paulistano* sob o pseudônimo de Hélios. Sérgio Milliet remetia notas para jornais franceses e belgas como *Lumière*, da Antuérpia, ao passo que Sérgio Buarque de Holanda escrevia em *O Mundo Literário*, do Rio de

Janeiro e na paulista *A Garoa*, na qual, em 3 de janeiro de 1922, ele já indagava: "As veleidades de independência dos artistas contemporâneos serão prenúncios de uma nova era literária? Pelo contrário, tudo leva a supor que já se trata de uma nova era que lança os primeiros vagidos. Quais serão as características dessa nova era? É a outra questão que se impõe naturalmente. (...) Tudo faz supor que os nossos mais avançados contemporâneos estejam em caminho de pressentir a via que os levará à redenção esperada, consagrando-se os verdadeiros novecentistas. Tudo faz supor que o nosso século romperá com a rotina costumeira e inaugurará uma formidável tendência que fará da arte alguma coisa que não seja o eterno maria-vai-com-as-outras, das anteriores. Surjam novos evangelhos, novas doutrinas, novas teorias, novas idéias, novas opiniões, novos artistas, novos profetas! É o que se deve esperar. Charles-Louis Philippe prosseguiu, referindo-se ao francês nascido em 1874, autor de narrativas realistas sobre a infância, "já disse e muito bem que *maintenant il faut des barbares*. Bárbaros, não são mais as multidões! Bárbaros são as elites. A palavra é um pouco forte. Que querem? É preciso ser assim. Os revolucionários do século passado não aceitaram e não consagraram o epíteto de decadentes? Os futuristas, nossos contemporâneos, não abraçam sorridentes o de malucos?... Somos bárbaros!... Avante!"

Dali a um mês, Mário de Andrade agradecia o espaço a ele cedido na *Gazeta*, em cujas colunas travaria um elegante duelo com seu redator-chefe: "Abandonei por isso neste prelúdio qualquer idéia de expor nossas múltiplas idéias de arte. Quero tão-somente me entregar nel dolce stile vecchio à alegria da reconciliação. Apenas me permito reitificar uma pequena confusão de Cândido. O que vai realizar-se é bem uma Semana de Arte Moderna. Não nos cingimos absolutamente ao futurismo contraditório, embora às vezes admirável, de Marinetti. Desejamos apenas ser atuais. Atuais de França e Itália como da América do Norte e de São Paulo. Há exageros em nossa arte? É natural. Não se constrói um arranha-céu sobre um castelo Maçárabe. Derruba-se primeiro a mole pesadíssima dos preconceitos, que já foram verdades, para elevar depois outras verdades, que serão preconceitos num futuro, quiçá muito próximo."

Em 7 de fevereiro, porém, Hélios-Menotti abria seu artigo no *Correio Paulistano* justamente com o tal epíteto repudiado por Mário de Andrade. "Os futuristas, esses endiabrados e protervos futuristas de São Paulo – escol mental da nossa gloriosa terra de avanguardistas – vão realizar umas esplêndidas noitadas de arte durante a semana próxima. Será uma semana histórica na vida literária do país. (...) Pelo lado social – que a Semana de Arte Moderna será – depois do baile dos Campos Elíseos – o maior acontecimento mundano da temporada. Ampara-na, puxando fila, as fidalgas e tradicionais figuras dos doutores Paulo Prado, Oscar Rodrigues Alves, René Thiollier e outros tantos patrícios do mais lídimo estofo da velha aristocracia bandeirante. Como se vê, o "futurismo paulista", que a horda passadista andou a acuar com ganas assassinas, tornou-se a coqueluche do nosso *grand monde.* Sob tal pálio vai ele, talar, expressão última de nossa mentalidade evolvida. (...) São

Paulo, no mundo do pensamento, como em todos os ramos da atividade humana, é ainda o Estado que dá a nota e dita o figurino ao país. É na sua terra miraculosa e fecunda que todas as tentativas, as mais audazes, encontram apoio e florescem. Esse gesto de aliança entre o escol social paulista e seu escol mental é o gesto mais belo para a afirmação da sua alta cultura e a segurança absoluta do seu predomínio espiritual em todo o país."

De todos os membros do núcleo modernista, Oswald de Andrade parecia o mais confiante e otimista quando, em 8 de fevereiro, anunciava a Semana de Arte Moderna como o triunfo de uma revolução. "Não faz um ano que, pelas colunas do Jornal do Comércio, começava-se o bom combate. E daí para cá o grupo de audaze renovadores, através da sátira engraçadíssima dos vencidos, só tem contado adesões. Em artigo que iniciava minha colaboração nesta folha intitulado Reforma Literária tive a felicidade de antecipar a ofensiva de hoje, dizendo como em São Paulo – cidade para todos os futurismos – far-se-ia com certeza o núcleo da reação necessária ao caruncho dos processos acadêmicos de literatura e arte.

De fato, é de São Paulo a glória de abrigar os primeiros portadores comovidos da nova luz – luz do século forte e construtor que já deu a França de Romain Rolland, Claudel e Apollinaire, a Itália de Marinetti e Papini, a Sérvia de Mestrovic, Portugal de Antonio Ferro e Aquilio. Como Roma primitiva, criada nos cadinhos aventureiros, com o sangue despótico de todos os sem-pátria, São Paulo, cosmopolita e vibrante, prestava-se como poucas cidades da América a acompanhar o renovamento anunciado nas artes e nas letras pelos Rimbaud e Whitman, pelos Cézanne e Rodin, pelos Debussy e Eric Satie."

Oswald então historiava o desenrolar do movimento, a começar pela chegada do pintor Di Cavalcanti, a transformação de Anita Malfatti em musa e o encontro do "genial" Brecheret, que trabalhava recluso no Palácio das Indústrias. "Depois da escultura, a poesia. Mário de Andrade foi o sacrificado ao escândalo citadino. Senhor de uma cultura rara, catedrático de Estética do Conservatorio, profundo pesquisador dos fundamentos de nossa literatura e de nossa arte, ele não podia aparecer com uma poesia moderna "áspera", feita de lirismo, de sarcasmo, de mordacidade. Havia de repetir a monotonia enfática das cantilenas contadas a dedo. Os seus poucos versos publicados fizeram o gozo intranqüilo de todos os jograis do espírito. Seria aquilo arte nova? (...) Foi o que Graça Aranha, arguto e grande senhor do espírito, veio acoroçoar, trazendo com a sua prestigiosa presença e a evangélica A estética da vida a certeza de que os novos não erram nas suas apaixonadas afirmações, Graça Aranha encontrou a reação estética brasileira e pondo-se à frente dela, mostra ser o indiscutível chefe de seu tempo e o glorioso condutor do espírito de seu povo."

A comparação entre os modernistas e os gladiadores romanos seria retomada por Oswald de Andrade no mesmo diário em 11 de novembro de 1922, em que declarava: "Queremos mal ao academicismo porque ele é sufocador de todas as aspirações joviais e de todas as iniciativas possantes. Para vencê-lo, destruímos. Daí o nosso galhardo salto de sarcasmo, de violência e de força. Somos boxeurs na arena. Não podemos refletir ainda atitudes de serenidade. Essa virá quando vier a vitória e o futurismo de hoje alcançar seu ideal clássico."

Dali a quase três décadas, em janeiro de 1952, ele ainda recorria à imagem do campo de batalha, ao escrever no 30º aniversário do evento: "Em 30 anos de tiros, cargas de cavalaria, bofetões, conversões e desvios, consolidamos essa revolução e podemos apresentar, não decepada no prato de ouro a cabeça do "batista" Mário de Andrade, mas sim, a afirmação indiscutível de sua heróica memória. O Modernismo já saiu do terreno da pesquisa para dar frutos maduros e perfeitos. Estão eles na recente obra de Cassiano Ricardo, seguida pelo joviníssimo cangaceiro Tavares de Miranda." (ANDRADE, Oswald, 1996: 335.)

Na contramão do ufanismo oswaldiano, *A Careta*, do Rio de Janeiro, em 1º de abril trouxe uma espécie de obituário precoce do movimento. Em uma premonição às avessas, apostava no rápido ostracismo da Semana de 22 e dos articuladores que, ao contrário de suas previsões, sobreviveriam às vaias e às batatas, passando para os anais da história cultural do país. "Decididamente cada vez mais me convenço da sabedoria imane do velho brocado: o homem põe e Deus dispõe", inicia Ataka Perô, pseudônimo que já dava o recado aos leitores do artigo *O Mortório do Futurismo*: "Vem isto a propósito da recuidada e falida conspiração famosa de um moirouço caricato de futuristas inéditos. Como os sapos de Chantecler eles fizeram reuniões clandestinas e desses pandemônios resultou, ao contrário do sucesso aluluítico que eles sonhavam, uma verdadeira calamidade disruptiva que os engoliu voraz a todos, atordoando-os por completo. Entre eles, na inevitável mistura do joio e do trigo, havia alguns rapazes de valor real, mas a maioria estava positivamente atacada de hipotrofia mental e despida de autocefalia. Encarregaram-se, eles mesmos, de fazer a seleção intelectual da híbrida farândula e proclamaram ufanos a existência de quatro ou cinco gênios, até ignorados, que, como os mistigagos da recova, iriam revolucionar o mundo das letras, desportilhando impiedosamente o templo dos já consagrados. Pareciam todos os conjurados de um só mal que lhes roía vorazmente o fígado: o obscurantismo. (...) Daí nasceu a idéia de alguma coisa inédita, capaz de despertar a esquiva atenção pública e trazer em justa recompensa a glória, a celebridade e o aplauso das multidões. Resolveram lançar as bases de uma arte nova demolindo e repudiando tudo até então feito pelos maiores vultos da humanidade. (...). Comandavam o insensato pugilo de reformadores os quatro gênios da quadrilha: o Menotti, cataglotista, os dois indecifráveis Andrades (o das banhas e o dos alentados queixos) e o complicado Brecheret. (...) Foi isso que deu nascimento a funambulesca cerimônia do Municipal onde o ridículo da quadrilha chegou ao auge. Já era demais e, esgotada a paciência do público, ela explodiu violenta e justiceira, castigadora e eficaz. Foi uma reação exemplar. (...) esperavam palmas e recebiam vaias e batatas. (...). – Não se incomodem, tudo passa tudo se esquece, consolava o Elísio de Carvalho, murmurando entre dentes: "eu que o diga!". E o pano baixou. Estava acabada a comédia e, com ela, os sonhos de glória arquitetados no meio de tão fagueiras esperanças! Decididamente, o homem põe e Deus dispõe."

IMAGEM-SÍMBOLO

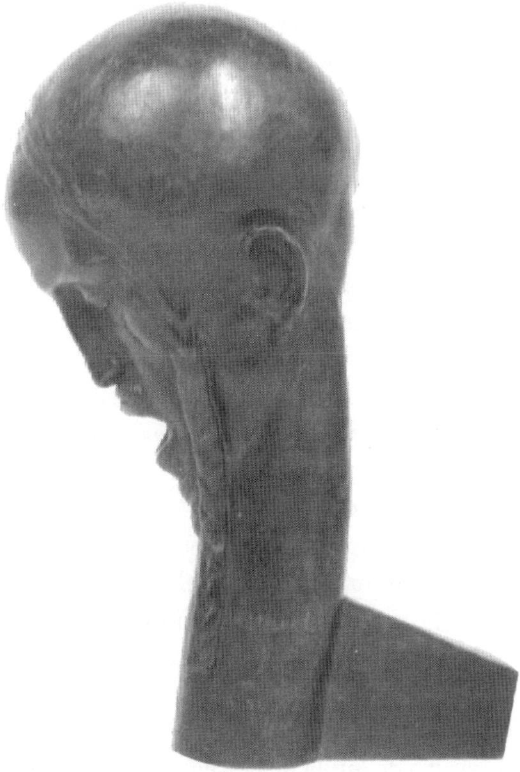

Cabeça de Cristo, escultura em bronze, de Victor Brecheret, 1920. Coleção Mário de Andrade, Instituto de Estudos Brasileiros, Universidade de São Paulo.

O catálogo da exposição instalada no saguão do Teatro Municipal apresentava a relação das obras divididas entre arquitetura, escultura e pintura – esta última categoria, englobando os pastéis, óleos, colagens, gravuras e desenhos, sem especificar a técnica, dimensões, datação nem material empregado. Sua capa, desenhada por Di Cavalcanti em nanquim preto sobre papel, seria a imagem mais óbvia para representar a Semana de 22. Concebido para linogravura, o original acabou servindo de clichê devido à falta de tempo hábil para realizar todo o processo (AMARAL, 1976: 142). Retangular, com as letras em maiúsculo na extremidade inferior, traz ao centro um nu feminino, de traçado negro sobre branco. A figura, num pedestal onde se liam as iniciais do autor, é rodeada por uma vegetação compacta, decerto alusiva à exuberância tropical, mas também vinculada ao *art nouveau* que vicejou nas artes gráficas do período. De concepção moderna, não segue os ditames da perspectiva acadêmica nem manifesta preocupações com volume, resultando num estilo ainda indefinido e experimental como se vê na página 8.

Outra imagem importante é o célebre *O Homem Amarelo*, na página 65, óleo de Anita Malfatti que mais ira despertou entre os visitantes. Desde sua mostra de 1917 – Monteiro Lobato censurou a obra em um polêmico artigo questionando o estilo importado adotado pela pintora –, *O Homem Amarelo* permanecia alvo de muita malidicência. Ainda impregnado do expressionismo e de experiências cubistas que a pintora assimilara durante seus estudos na Alemanha entre 1910 e 1914, escandalizava justamente pelas características que o tornavam moderno e ousado. A pincelada solta, o uso livre das cores, o entrosamento entre o primeiro plano e o fundo valorizado, além da exaltação emocional e do vigor, continuavam indigestos para o paladar do público, acostumado com a estética bem-comportada do academicismo. Por isso, além de deixar bilhetes desaforados, os visitantes cochichavam que ela se inspirara na clínica dos irmãos Revoredo onde, pela manhã, num assalto de enjôo, em lamentável postura, de cabeça pendida, agoniados de suores frios, internos babavam enquanto eram submetidos a lavagem estomacal (THIOLLIER, s/d: 44).

Carregados de significado, tanto o Catálogo da Semana de 22 quanto o quadro de Anita Malfatti pecam pela obviedade. Assim, foi eleita uma terceira imagem para simbolizar a Semana de Arte Moderna. Trata-se da *Cabeça de Cristo* exposta no hall de entrada junto com outras 11 obras de Victor Brecheret, na ocasião em viagem de estudos em Paris graças à bolsa de estudos outorgada pelo Pensionato Artístico. Guardando semelhanças com *Sóror Dolorosa*, também de 1920, o bronze polido de pequenas dimensões mede 31,5 x 14 x 15 centímetros e teve como modelo um primo, filho de seu tio Henrique Nanni, fundidor que iniciara Brecheret na arte do ofício. Já divinizado na fluidez das formas, mas ainda humano na expressão contorcida de dor e nos lábios partidos num esgar de morte, estava perpassado das heranças formais de Rodin, Dazzi e Mestrovic, encontradas nessa fase inicial do escultor. De pescoço esguio, do qual pende a cabeça de testa larga, a peça estava fadada a chocar o meio católico e conservador da época sobretudo devido ao cabelo escorrido, colhido em duas tranças femininas, numa estilização assíria.

A principal razão de ser eleita, aqui, como a imagem-símbolo da Semana, não foi o escândalo suscitado – de resto, algo inerente à maioria das criações de Brecheret. Vale recordar uma das reações do público relatada por Oswald de Andrade no *Jornal do Comércio* de 8 de fevereiro de 1922: "Ante sua maravilhosa maquete do Monumento às Bandeiras, hoje recolhida à Pinacoteca do Estado, perguntavam-se bobices sensacionais. Nunca se tinham visto bandeirantes nus. Aqueles pescoços (onde Brecheret concentrava toda a forma épica dos penetradores) eram grossos demais! E poucos foram os que perceberam no movimento fecundo, a marcha heróica, a robustez galharda dos desprezos imortais, daqueles semideuses bárbaros e modernos que iam à porfia invencida dos eldorados brasílicos."

A imagem de Cristo foi escolhida pelo mérito de haver inspirado Mário de Andrade a compor os versos da sua *Paulicéia Desvairada*. É que, impressionado com o talento vigoroso de Brecheret, ele comprara uma reprodução da obra do então obscuro escultor de origem italiana, que montara seu ateliê em uma sala no Palácio das Indústrias, em construção, cedida pelo arquiteto Ramos de Azevedo em nome dos velhos tempos do Liceu de Artes e Ofícios, onde haviam se conhecido. Ali o escultor seria descoberto por Menotti del Picchia, Oswald de Andrade, Hélios Seelinger e Di Cavalcanti em visita à exposição de maquetes do concurso para o monumento ao Centenário da Independência, a ser erguido defronte do Museu do Ipiranga.

Não é preciso dizer que, entusiasmados, imediatamente "adotaram" o artista, elevado a estandarte do grupo. O futuro autor de *Macunaíma* confessou em 1942: "Brecheret não provinha da Alemanha como Anita Malfatti, vinha de Roma. Mas também importava escurezas menos latinas, pois fora aluno do célebre Mestrovic. E fazíamos verdadeiras rêveries a galope em frente da simbólica exasperada de estilizações decorativas do "gênio" com chancela de Paris. Porque Victor Brecheret, para nós, era no mínimo um gênio." (ANDRADE, 1974: 232)

Em contato com o grupo modernista e instado por Menotti del Picchia, Brecheret desenvolveria para as comemorações dos 100 anos da Independência um monumento às bandeiras, preterido pelo projeto do siciliano Ettore Ximenes. Fascinado pelo artista – que chegara a viajar a Paris, em 1917, para participar dos funerais de Rodin –, Mário levou para sua residência a reprodução em bronze da cabeça de Cristo de trancinhas, que fazia companhia a outras peças de cunho religioso. Tal postura causou alvoroço entre os membros de sua família, instigando uma intensa discussão. Enfurecido, Mário subiu para seu quarto, do qual, através da janela, avistava o trânsito já frenético dos carros e dos bondes. Injuriado diante da incompreensão de seus familiares e experimentando uma desordem íntima combinada à percepção poética aguçada, ele – que há muito sonhava compor um livro à maneira de *As Cidades Tentaculares*, do poeta belga Émile Verhaeren – num fôlego só deitou às páginas de um caderno as estrofes de *Paulicéia Desvairada*, cujo manuscrito seria lido na Semana de 22.

"O estouro chegara afinal, depois de quase um ano de angústias interrogativas. Entre desgostos, trabalhos urgentes, dívidas, brigas, em pouco mais de uma semana estava jogado no papel um canto bárbaro, duas vezes maior talvez do que isso que o trabalho de arte deu num livro." (ANDRADE, 1974: 234.)

E saiu a ode à cidade que se metropolizava, a noiva, comoção da sua vida, grande boca de mil dentes pronta a devorar os antigos senhores e que, ao mesmo tempo, sintetizava todas as etnias e todas as classes: "Costureirinha (...) ítalo-franco-luso-brasílico-saxônica, / gosto dos teus ardores crepusculares, / crepusculares e por isso mais ardentes, / bandeirantemente!"

Por servir de elemento catalisador do inconformismo latente não só de Mário, mas de todo o círculo modernista, o Cristo de Brecheret, que desafiava a moral cristã e os padrões estéticos da época, merece o título de imagem-símbolo da Semana de 22. A peça pode ser vista na Coleção Mário de Andrade, no Instituto de Estudos Brasileiros da Universidade de São Paulo, que também abriga *O Homem Amarelo*, de Anita Malfatti.

CONCLUSÃO

O legado modernista

Para saber mais sobre a Semana de 22, a bibliografia aqui citada é um bom começo. Quem quiser se aprofundar no assunto deve também consultar os bancos de teses acadêmicas disponíveis nas bibliotecas das universidades. De resto, o que há são trabalhos sobre seus desdobramentos, ou seja, sobre o modernismo como um todo, em especial nos livros de memórias e nas coletâneas de artigos, entrevistas e palestras transcritas dos seus principais articuladores. Além, é claro, da produção literária dos poetas e escritores modernistas, como Alcântara Machado, Guilherme de Almeida, Luís Aranha, Manuel Bandeira, Mário e Oswald de Andrade, Menotti del Picchia, Raul Bopp, Ronald de Carvalho e Sérgio Milliet, para citar apenas os de maior destaque.

Por ocasião do 80º aniversário do evento, uma profusão de matérias, debates, encartes especiais na imprensa e programas de rádio e televisão trataram de recolocá-la na pauta do dia. No Sesc Consolação – um dos importantes espaços de cultura em São Paulo –, sob direção de Sérgio Ferrara e com cenário de Maria Bonomi, foi montada a peça *Tarsila*, de Maria Adelaide Amaral, a mesma autora que, ao lado de Alcides Nogueira, criou a minissérie *Um Só Coração* em homenagem aos 450 anos de São Paulo. Levada ao ar pela TV Globo em 2004, a minissérie dedicou um capítulo inteiro ao episódio alocado no próprio Teatro Municipal. No Sesc Ipiranga, a *pocket opera Semana de 22, Antes e Depois*, de Arrigo Barnabé, Guto Lacaz e Tim Rescala, recuperou com inteligência os saraus que confrontaram o provincianismo da metrópole emergente.

Não obstante, o legado modernista permanece vigoroso, permeando uma infinidade de produções em inúmeras áreas culturais. A essência da blague na ruptura, a desconfiança da sisudez acadêmica e da seriedade estéril, a irreverência e a capacidade de rir de si mesmo constituem a herança mais pujante dos moços que em 1922 se alistaram na cruzada contra o passadismo nas artes. Assim é que, do cinema novo de Glauber Rocha, passando por *Macunaíma* e *O Homem do Pau Brasil*, de Joaquim Pedro, aos filmes *underground* da Belair, dos diretores Rogério Sganzerla e Júlio Bressane, encontramos a marca dos modernistas de 1922 – sem falar em *Eh, Pagu, eh!*, curta-metragem de Ivo Branco, rodado em 1982.

Na dramaturgia, o modernismo se faz notar desde *O Rei da Vela*, de Oswald de Andrade, peça de 1937 que só estrearia 13 anos após a morte do autor, dirigida então por José Celso Martinez Corrêa com o grupo Oficina. Passa pela montagem de *A Semana* no Studio São Pedro aos 50 anos da peça, com texto de Carlos Queiroz Telles, e se faz presente ainda na conceituação de grupos tão dispares quanto o União e Olho Vivo, de César Vieira, o Centro de Pesquisas Teatral, de Antunes Filho, que montou *Macunaíma*, e o Teatro do Ornitorrinco. Não podemos esquecer a pesquisa do grupo paulistano A Barca, que em 2005 repetia o percurso de *O Turista Aprendiz*, de Mário de Andrade. O deboche engajado dos Satyros da Praça Roosevelt, os recortes de história em quadrinhos, circo, mímica e pantomima presentes no trabalho do XPTO e a contundência radical dos impactantes espetáculos do Teatro da Vertigem estabelecem um diálogo interessante com os precursores de 1922.

Tom Jobim é o herdeiro assumido de Villa-Lobos na bossa nova, que também conta com a batida dissonante do violão de João Gilberto. Podem ainda ser identificados com a essência de 1922 Arrigo Barnabé e sua banda Sabor de Veneno, que deliciou platéias com as montagens de *Clara Crocodilo* e *Tubarões Voadores*. Além de Itamar Assumpção que, com a banda Isca de Polícia instigava com *Nêgo Dito Beleléu*, bem como todo o movimento do Teatro Lira Paulistana, abarcando os grupos Rumo, Língua de Trapo e Premê (ou Premeditando o Breque). Os experimentalismos de vanguarda que pontuam a literatura de Jorge Mautner, Paulo Leminski e Glauco Mattoso têm nítidas pinceladas dos "modernos". Na televisão, em *Divino, Maravilhoso*, sobravam referências ao modernismo feitas pelos tropicalistas Caetano Veloso, Gilberto Gil, Tom Zé e Torquato Neto. Vale também citar *A Noite da Banana*, especial que teve Caetano Veloso como convidado na *Discoteca do Chacrinha* – que, a exemplo dos "futuristas", veio para confundir, e não para explicar.

Por outro lado, o desenvolvimento da arquitetura teve a contribuição decisiva de Gregori Warchavchik, introdutor do futurismo russo no Brasil. Criador da Casa Modernista dos idos de 1928, ele abrigou em seu escritório os jovens que colocariam o

Brasil no cenário internacional, como Villanova Artigas, Charles Bosworth, Henrique Cristófani e Oscar Niemeyer, responsável, junto com Lúcio Costa, pelo arrojado desenho de Brasília, a futurística capital federal. De resto, nas pegadas do grito de guerra de Oswald de Andrade, "o gênio é uma grande besteira, viva a rapaziada!", Clemente, líder da banda Os Inocentes, do movimento punk paulista da década de 80, redigiu um manifesto que provocava: "Nós viemos para pintar a Asa Branca de preto e fazer da Amélia uma mulher qualquer...". Existe algo mais afinado com o tom *blagueur* da Semana de 22?

Modernistas reunidos no Hotel Terminus, em 1922. (Acervo Iconographia/Companhia da Memória)

PERSONAGENS

Anita Catarina Malfatti (1889-1964) – Pintora paulista, iniciou o aprendizado artístico com a mãe, Bety Malfatti. Residiu na Alemanha entre 1910 e 1914, e de 1915 a 1916 em Nova York. Realizaria sua primeira individual na capital paulista em 1914, na Mappin Stores, mas se celebrizou em 1917, quando sua exposição foi criticada por Monteiro Lobato. Participou da Semana de 22 com 20 trabalhos, incluindo *O Homem Amarelo*. Foi bolsista do Pensionato Artístico em Paris de 1923 a 1928 e, ao término do estágio na Europa, doou o quadro *Tropical* para a Pinacoteca do Estado de São Paulo.

António Castilho de Alcântara Machado d'Oliveira (1901-1935) – De ilustre linhagem paulistana, formou-se em direito, mas se dedicou ao jornalismo, chegando a redator-chefe do *Jornal do Comércio*. Em 1925 traz da Europa crônicas e reportagens para seu livro de estréia, *Pathé Baby*. Com Couto de Barros, funda a revista *Terra Roxa e Outras Terras* e, em 1928, com Oswald de Andrade cria a *Revista de Antropofagia*, quando também lança o livro *Brás, Bexiga e Barra Funda*. Em 1931, dirige com Mário de Andrade a *Revista Hora*, muda-se para o Rio de Janeiro e, eleito deputado federal, morre antes da posse.

Antonio Garcia Moya (1891-1949) – Desenhista e arquiteto espanhol, veio para o Brasil aos 4 anos de idade. Estudou no Liceu de Artes e Ofícios de São Paulo.

Antonio Paim Vieira (1895-1988) – Pintor e ceramista, natural de São Paulo, ilustrou livros e revistas paulistas e cariocas. Estudou os motivos indígenas e o desenho marajoara, usados em seus trabalhos, além de explorar temas ligados à flora e fauna brasileiras. Lecionou arte decorativa e história da arte em faculdades paulistanas.

Blaise Cendrars ou Frédéric Louis Sauser (1887-1961) – Novelista e poeta nascido em Chaux-de-Fonds, Suíça, passou a maior parte da vida visitando lugares distantes como a China, Mongólia, Sibéria, Pérsia, Cáucaso e Rússia. Radicado em Paris a partir de 1910, lutou na Primeira Guerra Mundial, perdendo um braço na frente de batalha. Amigo de Paulo Prado esteve três vezes no Brasil, entre 1924 e 1928, ajudando os modernistas a descobrir a cultura popular em viagens pelo interior de Minas Gerais e do Rio de Janeiro.

Charles-Pierre Baudelaire (1821-1867) – Poeta e crítico francês nascido em Paris, marcou as últimas décadas do século 19, influenciando a poesia internacional de tendência simbolista e lançando as bases da poesia moderna. Em 1857, ao publicar *As Flores do Mal*, sofreu processo judicial, sendo obrigado a retirar seis poemas do volume, só editado completo a partir de 1911.

Darius Milhaud (1892-1974) – Compositor francês, visitou o Rio de Janeiro em 1917, onde desembarcou em pleno carnaval carioca. Ficou tão fascinado pelos ritmos populares que, ao retornar a Paris, incorporou o samba e o chorinho a suas criações musicais.

Emiliano di Cavalcanti (1897-1976) – Pintor, desenhista e caricaturista nascido no Rio de Janeiro, residiu em São Paulo a partir de 1917. Viveu em Paris entre 1923 e 1925, onde entrou em contato com Picasso, Braque e Matisse, para lá retornando em 1937 por mais três anos. Filiado ao Partido Comunista, executou painéis, ilustrou livros e desenhou jóias. Escreveu crônicas e comentários para a imprensa e participou de bienais e exposições no Brasil e no exterior.

Ernani Costa Braga (1898-1948) – Pianista, compositor e maestro, nasceu no Rio de Janeiro e terminou os estudos na Europa. Viveu no Uruguai e na Argentina, onde executou músicas com temas do folclore nacional, que ele pesquisou em suas viagens pelo Brasil.

Ferrignac (1892-1958) – Pseudônimo de Inácio da Costa Ferreira, desenhista e caricaturista natural de Rio Claro, São Paulo. Em 1917 viajou para a Europa, onde viveu por três anos, enviando de lá seus trabalhos para revistas e jornais brasileiros. Depois de participar da Semana de 22, abandonou as artes para trabalhar na polícia.

Francisco Mignone (1897-1986) – Compositor paulista formado pelo Conservatório Dramático e Musical, viajou para Milão em 1920 com bolsa de estudos concedida pelo Pensionato Artístico de São Paulo. Regressando em 1929, adota o nacionalismo musical e compõe, entre outros, o bailado *Maracatu do Chico Rei*, de 1933, e *Espantalho*, de 1941, inspirado em Portinari, que no ano posterior criara os cenários e figurinos de sua ópera *Yara*. Compõe ainda obras para canto e piano sobre poemas de Manuel Bandeira, Carlos Drummond de Andrade e Guilherme de Almeida, entre outros.

Gregori Warchavchik (1896-1972) – Arquiteto russo nascido em Odessa, na Ucrânia. De formação tradicionalista, vinha do ambiente clássico dominado pelo italiano Marcelo Piacentini, mas influenciado por Adolf Loos e pela vanguarda da Bauhaus. Chega ao Brasil em 1923 e desenha a Casa Modernista que, inaugurada em julho de 1928 no Pacaembu, foi no ano seguinte visitada pelo arquiteto francês Le Corbusier. São dele os projetos das sedes dos clubes Paulistano, Pinheiros, Hebraica, Tietê, Harmonia e Automóvel Clube de São Paulo, além de várias casas no Guarujá.

Guilherme de Almeida (1890-1969) – Jornalista e poeta de Campinas, São Paulo. Formou-se em direito, mas optou pelas letras. Lançou o primeiro livro de versos, *Nós*, em 1917 e publicou mais de 50 obras. Era tido como o Príncipe dos Poetas Brasileiros.

Guiomar Novais (1894-1979) – Pianista de São João da Boa Vista, mudou-se com a família para a capital ainda criança, onde aprendeu piano com o maestro Luigi Chiafarelli. Talento precoce, recebeu bolsa do governo brasileiro para estudar no exterior, obtendo o primeiro lugar entre 368 candidatos no Conservatório de Paris. Com a orquestra de Gabriel Pierné, percorreu a Europa, mas a partir de 1915 se estabelece nos Estados Unidos, construindo importante carreira. Foi grande intérprete de Chopin e de Schumann.

Heitor Villa-Lobos (1887-1959) – Compositor nascido no Rio de Janeiro. Pesquisou a música indígena, que teve grande influência em sua vasta obra, enriquecida com elementos de nosso folclore. Estudou em Paris e dirigiu orquestras no Brasil, nos Estados Unidos e na Europa. São de sua autoria as célebres *Bachianas Brasileiras.*

João Fernando de Almeida Prado (1898-1987) – Escritor nascido em Rio Claro, São Paulo. Sob o pseudônimo de Yan, publicou romances, crônicas e reportagens em inúmeras revistas. Ilustrou capas de obras de amigos e formou uma importante biblioteca especializada em assuntos brasileiros, recolhida ao Instituto de Estudos Brasileiros da Universidade de São Paulo.

John Graz (1891-1980) – Nascido na Suíça, cursou a Escola de Belas Artes de Genebra. Estudou em Paris e em Munique, na Alemanha. Mudou-se para São Paulo em 1920, casando-se com

Regina Gomide, pintora como ele. Aos poucos passou a dedicar-se aos grandes painéis decorativos.

José Bento Monteiro Lobato (1882-1948) – Escritor natural de Taubaté, São Paulo, diplomou-se em direito, mas optou pela literatura e pelo jornalismo. Personalidade multifacetada, homem com visão muito à frente de seu tempo, engajou-se em uma ampla campanha pelo petróleo nacional, sendo perseguido e preso pela polícia política da ditadura Vargas. Pai da boneca Emília e dos personagens do *Sítio do Picapau Amarelo*, é tido como o criador da literatura infanto-juvenil e da indústria editorial brasileira.

José de Freitas Valle (1870-1958) – Poeta, mecenas e parlamentar nascido em Alegrete, Rio Grande do Sul, e radicado em São Paulo. Comandou o Pensionato Artístico, que distribuía bolsas de estudo na Europa a pintores, músicos e escultores. A Villa Kyrial, seu salão artístico-literário da Rua Domingos de Morais, 10, tornou-se um efervescente centro de cultura na São Paulo dos primórdios do século 20.

José Oswald de Sousa Andrade (1890-1954) – Crítico, poeta e romancista, nasceu em São Paulo, onde se formou em direito. Não exerceu a profissão, tornando-se jornalista, fazendeiro e escritor. Fundou a revista *O Pirralho* e dirigiu o jornal *O Homem do Povo*. Publicou, entre outros livros, *Os Condenados* e *Memórias Sentimentais de João Miramar*. Casou-se com Tarsila do Amaral e, depois, com Patrícia Galvão, a Pagu. Ao lado de Mário de Andrade, foi a principal figura da Semana de 22 e do modernismo.

José Pereira da Graça Aranha (1868-1931) – Escritor natural de São Luís do Maranhão, formou-se em advocacia, tornando-se diplomata. Ao se aposentar, voltou para o Rio de Janeiro e ajudou a organizar e financiar a Semana de 22 em São Paulo.

Luís Aranha Pereira (1901-1987) – Poeta e diplomata paulistano, foi o único dos modernistas que nasceu no século 20. Formou-se em direito e exerceu a diplomacia. Colaborou em diversos jornais e revistas da época, mas teve o livro de versos, *Cocktails*, publicado apenas em 1984, já no final de sua vida.

Manuel Bandeira (1886-1968) – Poeta e escritor nascido em Recife, Pernambuco, começou a escrever aos 10 anos de idade. Viveu na Suíça e no Rio de Janeiro. Um dos mais importantes escritores de seu tempo, também fez crítica de música e de cinema para revistas e jornais.

Mário de Andrade (1893-1945) – Poeta e escritor paulistano, integrou o núcleo organizador da Semana de 22. Professor do Conservatório Dramático e Musical de São Paulo, crítico de arte e de música, colaborou em inúmeros jornais e revistas da época. Entre seus livros destacam-se *Paulicéia Desvairada*, de 1922, e *Macunaíma*, de 1928.

Menotti del Picchia (1892-1988) – Escritor, trabalhou em vários jornais de São Paulo, onde nasceu, mantendo uma coluna fixa no *Correio Paulistano*. Poeta, escreveu também romances, contos e livros infantis.

Paulo da Silva Prado (1869-1943) – Industrial, escritor e mecenas de São Paulo. Culto, riquíssimo, amigo e protetor dos modernistas, recebia intelectuais e políticos em seu palacete da Avenida Higienópolis. Em 1928 publicaria o livro *Retrato do Brasil.*

Plínio Salgado (1895-1975) – Nascido em São Paulo, participou do movimento modernista na corrente Verde-Amarela e Anta. Fundador da Ação Integralista Brasileira, espécie de fascismo caboclo, dirigiu diversos jornais. Membro da Academia Paulista de Letras, publicou, entre outras obras, *Tabor*, em 1919, *A Anta e o Curupira*, em 1926, além dos romances *O Estrangeiro* (1926) e *O Esperado* (1931).

Renato Almeida (1895-1982) – Poeta e musicólogo nascido em Santo Antônio de Jesus, Bahia, mudou-se jovem para o Rio de Janeiro, formando-se em direito. Foi também jornalista e diplomata. Publicou vários livros sobre música e folclore brasileiro, que pesquisou ao longo de toda a vida.

Raul Bopp (1898-1984) – Escritor nascido no Rio de Janeiro, ingressou na diplomacia depois da Revolução de 30. Integrou o grupo Verde-Amarelo do modernismo, mas em seguida passou-se para a Antropofagia. *Cobra Norato*, poema de sua autoria, é considerada a obra fundadora do movimento que abraçou junto com Oswald de Andrade.

Ronald de Carvalho (1893-1935) – Poeta, escritor e diplomata nascido no Rio de Janeiro. Formou-se em direito e também estudou filosofia e sociologia em Paris, onde morou.

Saint-Simon (1760-1825) – Um dos criadores do socialismo utópico. Para ele, o papel da vanguarda artística, na medida em que pretendia revolucionar a sociedade, revestia-se de uma função pragmática e de uma finalidade transformadora.

Sérgio Milliet (1898-1966) – Poeta, jornalista e tradutor, nasceu em São Paulo. Ainda adolescente mudou-se para Europa, só voltando ao Brasil passados sete anos. Participou da Semana de 22 e colaborou em diversas revistas modernistas. Depois de residir na Bélgica e na França, retornou ao país e escreveu seu *Diário Crítico*, em dez volumes.

Tarsila do Amaral (1886-1973) – Pintora e desenhista nascida no interior paulista, estuda com Pedro Alexandrino e Georg Elpons. Em 1920 viaja a Paris, onde tem aulas na Académie Julian e com Émile Renard. Após breve estadia em São Paulo, retorna à Europa e em 1923 freqüenta o ateliê de André Lhote, Albert Gleizes e Fernand Léger. Conhece Blaise Cendrars, que a apresenta a Brancusi, Vollard e Jean Cocteau. Dali um ano, com

Oswald de Andrade e outros, acompanha Cendrars pelas cidades históricas de Minas Gerais, o que inspira sua fase Pau-Brasil. Em 1928, pinta *Abaporu*, que ilustra o *Manifesto Antropófago* e cinco anos depois, no regresso da viagem à União Soviética, volta-se para os temas sociais em trabalhos como o quadro *Operários*. Colabora como cronista de arte no *Diário de São Paulo* e participa da 32ª Bienal de Veneza.

Vicente do Rego Monteiro (1899-1970) – Pintor e poeta, nasceu no Recife, Pernambuco. Expôs obras de estilo cubista e futurista em São Paulo, mas só se tornou conhecido após tomar parte da Semana de 22. Viveu em Paris de 1925 a 1928, tendo vários de seus quadros sido comprados por museus da Europa.

Victor Brecheret (1894-1955) – Escultor nascido em Viterbo, Itália, chegou ao Brasil ainda menino. Estudou no Liceu de Artes e Ofícios de São Paulo e, em 1913, mudou-se para Roma. Quando retornou ao país, em 1919, entusiasmou os modernistas com seu talento, sendo chamado para expor na Semana de 22. Também pensionista do Estado, morou em Paris de 1921 a 1929 e, na volta, doou à Pinacoteca a escultura *Portadora de Perfume*, de gesso dourado.

Washington Luís (1869-1957) – Filiado ao Partido Republicano Paulista (PRP), foi prefeito de São Paulo entre 1914 e 1919, presidente (governador) do estado de São Paulo de 1920 a 1924, e presidente da República de 1926 a 1930.

Wilhelm Haarberg (1891-1986) – Escultor e desenhista alemão. Expressionista, viveu de 1920 a 1925 em São Paulo, ensinando desenho e trabalhos manuais na Escola Alemã, mais tarde denominada Colégio Visconde de Porto Seguro.

MUSEUS E ACERVOS

Acervo do Palácio dos Bandeirantes, em São Paulo.
Acervo do Palácio do Governo do Estado de São Paulo, em Campos do Jordão, SP.
Casa Guilherme de Almeida, em São Paulo.
Fundação Ema Gordon Klabin, em São Paulo.
Fundação José e Paulina Nemirovsky / Estação Pinacoteca, em São Paulo.
Coleção Mário de Andrade, Instituto de Estudos Brasileiros (IEB) / Universidade de São Paulo (USP).
Museu de Arte Brasileira / Fundação Armando Álvares Penteado (FAAP), em São Paulo.
Museu de Arte Contemporânea (MAC), em São Paulo.
Museu de Arte de São Paulo (Masp), em São Paulo.
Museu de Arte Moderna (MAM), em São Paulo.
Museu Lasar Segall, em São Paulo.
Pinacoteca Municipal de São Paulo.
Pinacoteca do Estado de São Paulo.

GLOSSÁRIO

Barroco – Estilo presente nas artes plásticas, literatura, teatro e na música, surgiu na Itália do século 17, desenvolvendo-se com o espanhol Velázquez, o italiano Caravaggio, os belgas Van Dyck e Frans Hals, os holandeses Rembrandt e Vermeer e o flamengo Rubens. Expressando emoções e sofrimento humano, caracteriza-se pelo detalhismo rebuscado, que se acentua no rococó, com uma profusão de curvas, conchas, flores e ramos. Influenciado pelo português, o barroco brasileiro ocorreu na região aurífera de Minas Gerais no século 18, sendo seu principal representante Antônio Francisco Lisboa, o Aleijadinho, cujas obras de forte caráter religioso, de madeira e pedra-sabão, podem ser vistas na cidade mineira de Congonhas do Campo.

Bolchevismo – Linha política e organizativa ditada por Lênin no Congresso do Partido Operário Social Democrático da Rússia em 1903 e que determinaria os rumos da Revolução Russa de 1917, bem como a construção do Estado soviético.

Cafelândia – Nome pelo qual costumavam chamar São Paulo, quando era o grande produtor e exportador de café, espinha dorsal da economia brasileira desde meados do século 19. Para dar uma idéia de sua importância econômica, basta lembrar que em 1928 o país produzia 78% do café consumido no mundo inteiro.

Colonial – Estilo arquitetônico usado na costrução e na movelaria, desenvolvido na época das colonizações portuguesa e espanhola nas Américas durante os séculos 15 e 16. Ainda pode ser observado em alguns locais que preservaram praças, igrejas, casarios e sobrados do período.

Cubismo – Movimento artístico surgido em Paris por volta de 1907, rompeu com os padrões estéticos que pregavam a representação realista da natureza. Inspirado na simplificação das formas do pós-impressionista francês Paul Cézanne, desprezava a perspectiva, procurando mostrar todos os ângulos de um objeto ao mesmo tempo. Coube a Pablo Picasso e Georges Braque liderarem a corrente que teve entre seus adeptos Albert Gleizes, Fernand Léger, Francis Picabia, Marcel Duchamp, Robert Delaunay, Roger de La Fresnaye e Juan Gris.

Dadaísmo – Movimento que surgiu em 1916 entre artistas e escritores europeus que se mudaram para a cidade suíça de Zurique, fugindo da Primeira Guerra Mundial. O nome *dada*, que significa "cavalinho de pau" em francês, foi escolhido como um protesto contra o absurdo da guerra por Hugo Ball e Tristan Tzara, ao abrirem aleatoriamente o dicionário. Para os dadaístas a arte precisava soltar-se das amarras racionalistas, buscando o automatismo psíquico que combinaria os elementos por acaso. Negação total da cultura, defende a incoerência, a desordem, o caos. Chegou a Nova York, nos Estados Unidos, pelas mãos de Marcel Duchamp e Man Ray.

Expressionismo – Corrente artística que apareceu por volta de 1910, na Alemanha. Arte do instinto, defende uma pintura dramática, subjetiva, "expressando" sentimentos humanos como o amor, ciúme, medo, solidão, em quadros de cores brilhantes e formas distorcidas. Seus principais nomes foram Gauguin, Cézanne, Van Gogh, Toulouse Lautrec e Munch.

Futurismo – Movimento artístico e literário iniciado oficialmente em 1909 com a publicação do *Manifesto Futurista*, do poeta italiano Filippo Marinetti (1876-1944), no jornal francês *Le Figaro*. Rejeita o moralismo e o passado, propondo um tipo de beleza baseado na velocidade, no progresso e nas conquistas tecnológicas. Agressivo e extravagante, encara os conflitos bélicos como higienizações necessárias e acaba identificando-se com o fascismo nascente. Após a Primeira Guerra Mundial, entra em decadência, mas influencia o Dadá. Lançou mais de 30 manifestos, sobre literatura, pintura, escultura, música, arte, mecânica, mulher, moral etc.

Naturalismo – Espécie de prolongamento do realismo, cujos princípios assume. Pauta-se pelo predomínio da objetividade e busca da verossimilhança. Sob o impacto das novas idéias científicas e sociológicas que varriam a Europa, acrescenta uma perspectiva baseada nos preceitos do evolucionismo, da hereditariedade biológica, do positivismo e da medicina experimental. Com o romance *Teresa Raquin*, de 1868, Émile Zola lança o movimento que terá como precursores, no Brasil, Machado de

Assis e Aluísio Azevedo que em 1881 publicam, respectivamente, *Memórias Póstumas de Brás Cubas* e *O Mulato*.

Neocolonial – Estilo arquitetônico inspirado na arte colonial, divide-se nas vertentes luso-brasileira e hispano-americana – também definida como estilo missões ou mexicano, que se popularizou nos Estados Unidos no século 19, nas regiões colonizadas pelos espanhóis. No Brasil teve como mentor o arquiteto português Ricardo Severo que, a partir de 1914, difundiria as formas do *mission style* californiano e do estilo marajoara. Desenvolveu-se ao longo da década de 1920, com algumas experiências excepcionais em moradias no Rio de Janeiro, concebidas por Virzi, Morales de Los Rios, Heitor de Melo, Archimedes Memória, Francisque Couchet e Gastão Bahiana. Teve ressurgimento efêmero no final dos anos 1960, quando era geralmente usado em casas de veraneio.

Onomatopéia – Palavra formada a partir da reprodução de um som natural, utilizando os recursos de que cada língua dispõe, como *au-au*, *tiquetaque*, *atchim*, *chuá-chuá*, *zunzum* e assim por diante.

Parnasianismo – Movimento poético que reage contra o sentimentalismo excessivo dos românticos, é associado à *belle époque* européia. Prega a neutralidade do poeta, que deve esconder as emoções e a subjetividade. Cenas da natureza e objetos do cotidiano são registrados sem interferências da interioridade do artista, que apenas observa e reproduz coisas concretas. No Brasil, eram também chamados de "olimpianos" por usar imagens retiradas da mitologia grega. Olavo Bilac foi um dos principais representantes dessa corrente que alcançou enorme popularidade na década de 1910, graças aos versos de métrica quase didática, de fácil memorização.

Purismo – Movimento estético lançado em 1918 pelo pintor francês Amedée Ozenfant e pelo arquiteto suíço Charles-Edouard Jeanneret, o célebre Le Corbusier. Espécie de resposta às condições artísticas e históricas do pós-guerra, representava uma crítica ao declínio do cubismo, que julgavam ter se transformado num tipo de decoração elaborada. Propunham uma arte saudável, inspirada nas formas puras e limpas da máquina. Em vez de enfatizar a decomposição do objeto como os cubistas, preferiam celebrar sua geometria e simplicidade. Le Corbusier também publicaria uma revista de arte e literatura de vanguarda, chamada *L'Esprit Nouveau*, que circulou de 1920 a 1925.

Surrealismo – Movimento artístico e literário lançado pelo poeta e crítico francês André Breton em 1924. Derivado do dadaísmo, pregava uma arte que liberava o inconsciente, os instintos e os sonhos. O catalão Salvador Dalí é um dos expoentes dessa escola.

BIBLIOGRAFIA

AMARAL, Aracy. *Artes Plásticas na Semana de 22.* São Paulo: Perspectiva, 1976.

ANDRADE, Mário de. *Aspectos da Literatura Brasileira.* São Paulo: Martins, 1974.

______. Paisagem nº 3. In: *Poesias Completas.* Belo Horizonte: Itatiaia/São Paulo: Edusp, 1987.

ANDRADE, Oswald de. *Estética e Política.* São Paulo: Globo, 1992.

______. *Telefonema.* São Paulo: Globo, 1996.

______. *Os Dentes do Dragão – entrevistas.* São Paulo: Globo, 1990.

ARAÚJO, Murillo. *Quadrantes do Modernismo Brasileiro.* Rio de Janeiro: Imprensa Nacional, 1958.

AZEVEDO, Carmen Lúcia et alli. *Monteiro Lobato: furacão na Botocúndia.* São Paulo: Editora Senac São Paulo, 1997.

BARDI, Pietro Maria. *O Modernismo no Brasil.* São Paulo: Sudameris, 1978.

BATISTA, Marta Rossetti. *Anita Malfatti no Tempo e no Espaço.* São Paulo: IBM Brasil, 1986.

______ (Org.). *Cartas a Anita Malfatti.* Rio de Janeiro: Forense Universitária, 1989.

BOAVENTURA, Maria Eugenia. *22 por 22: a Semana de Arte Moderna vista pelos seus contemporâneos.* São Paulo: Edusp, 2000.

BOURDIEU, Pierre. *A Economia das Trocas Simbólicas*. Trad. Sérgio Miceli e Silvia de Almeida Prado. São Paulo: Perspectiva, 1974.

BRITO, Mário da Silva. *Antecedentes da Semana de Arte Moderna*. Rio de Janeiro: Civilização Brasileira, 1964.

CAMARGOS, Marcia. *A Semana de 22: entre vaias e aplausos*. São Paulo: Boitempo, 2002.

CANDIDO, Antonio. *Literatura e Sociedade*. São Paulo: Nacional, 1965.

______. *Vários Escritos*. São Paulo: Duas Cidades / Rio de Janeiro: Ouro Sobre Azul, 2004.

CAVALCANTI, Emiliano di. *Viagem da Minha Vida – 1º testamento da alvorada*. Rio de Janeiro: Civilização Brasileira, 1955.

FERNANDES, Florestan. *A Condição de Sociólogo*. São Paulo: Hucitec, 1978.

PICCHIA, Menotti del. In: BARREIRINHAS, Yoshie Sakiyama (Org.). *O Gedeão do Modernismo: 1920-22*. São Paulo: Civilização Brasileira/Secretaria de Estado da Cultura, 1983.

PRADO, Yan de Almeida. *A Grande Semana de Arte Moderna*. São Paulo: Edart, 1976.

THIOLLIER, René. *A Semana de Arte Moderna*. São Paulo: Cupolo, s/d.

WILLIAMS, Raymond. *Cultura*. Trad. Lólio Lourenço de Oliveira. São Paulo: Paz e Terra, 1992.

SITES

www.historiadaarte.com.br/semanade22.html

www.portalartes.com.br/portal/semana_de_22.asp

http://almanaque.folha.uol.com.br/semana22.htm

http://www.cyberartes.com.br/edicoes/25/aprenda.asp?edicao=25

http://www.mundosites.net/artesplasticas/artemoderna.htm

http://www.uol.com.br/folha/especial/2002/semanadeartemoderna80/

http://www.portaldaeducacao.com.br/portal/showcontent.asp?I=4

SOBRE A AUTORA

Jornalista e doutora em história social pela Universidade de São Paulo (USP), com pós-doutorado pelo Instituto de Estudos Brasileiros IEB/USP, é coordenadora do Centro de Documentação e Memória da Pinacoteca do Estado de São Paulo, implantado em 2005. Sócia da Companhia da Memória, especializada em pesquisa da história cultural brasileira, prestou assessoria à minissérie *Um Só Coração*, veiculada pela TV Globo em 2004, e profere palestras sobre temas ligados à cidade de São Paulo em escolas e faculdades. Tem diversos capítulos em livros organizados por terceiros, e artigos publicados em revistas como *História Viva* e nos jornais *Folha de S.Paulo* e *O Estado de S. Paulo*. Escreveu, entre outros livros, *Monteiro Lobato: Furacão na Botocúndia* (Senac, 1997, em co-autoria), ganhador dos prêmios Jabuti, categoria ensaio e biografia, e Livro do Ano/não-ficção, outorgados pela Câmara Brasileira do Livro em 1998, além de *Villa Kyrial: Crônica da Belle Époque Paulistana* (Senac, 2001); *A Semana de 22: Entre Vaias e Aplausos* (Boitempo, 2002), prêmio de melhor ensaio historigráfico concedido pela Academia Paulista de Letras; *A Turma do Sítio na Semana de 22* (Globo, 2002); *Uma Expedição pela História de São Paulo* (Companhia das Letras, 2004); *Nas Pegadas do Saci* (Conex, 2005); e *Micróbios na Cruz* (Companhia das Letras, 2005), sua estréia no gênero ficção.

CTP, IMPRESSÃO e ACABAMENTO

IBEP GRÁFICA

Av. Alexandre Mackenzie, 619 - Jaguaré - SP - CEP 05322-000
Tel.: (11) 6099 7799 (PABX) - ramais 1408 - 1411 - São Paulo - Brasil